27萬人淚推的五型潛能人生整理術

雖然有點突然
但請立刻在5秒內收拾好你的桌子

什麼？5秒內收好桌子？
怎麼收？

你是不是瞬間手忙腳亂呢？

那麼，我稍微換個方式說明。

請從現在開始，
在5秒內清空你的桌面。

一聽到這裡，腦海是不是瞬間出現「桌上空無一物」的樣子呢？接著就能按照那個畫面去行動，對吧？

說了這麼多，在此向你正式自我介紹，我是伊藤勇司，我的工作是將「整理」的問題從心理學角度來分析、解決的「空間心理諮商師」，而我從事這個工作已經超過10年了，並服務過一萬名以上的客戶。我的客戶中，有對於無法整理好房間而感到很困擾的人，也有雖然房間維持得很整潔，卻還是覺得自己並不幸福的人，我一邊引導著他們整理空間，同時也解決「潛藏在他們內心的深層問題」，我把它統稱為「人生整理」。

像這樣專門從心理層面切入，接著引導人們解決小至空間、大至人生整理問題的領域，是我最有自信的地方，而且我使用的方法並不困難，就像一開始我提出同樣的整理任務，但用兩種不同的說明方式來呈現，為的是讓大家明白其中的差異。這也是我在活動中，經常用於一開始引導參與者的任務。

針對第一種指令——「請收拾好你的桌子」，有人選擇把筆記本靠邊擺好、有人則是收到桌子底下，還有人在一陣手忙腳亂後，只好先把筆收到筆袋裡，幾乎「沒辦法讓每個人都達成一樣的結果」。

但是，若是第二種指令──「清空你的桌面」，平均不到5秒鐘，所有在場的聽眾都可以成功的讓桌面淨空。只不過是改變了一點點表達方式，卻能得到完全不同的結果。而且，這和你本來是不是一個擅長整理的人完全無關，第二種指令讓每個人都能達到一樣的成果。這究竟是為什麼呢？

因為，「整理」這個詞的意思本來就很不明確。要整理到什麼狀態才是整理好呢？不同的人會有不同的解釋。你理解到的整理和我的並不相同，同樣，父母所期待的整理和孩子以為的整理也會有出入。然而，對於「桌上沒有任何東西的狀態」，不論你我，即便是不同國籍的人，只要是有清空桌面經驗的人，想必腦海中都會浮現一樣的畫面。如果能把「整理」表達到讓人腦中能出現具體的想像，我們就可以迅速行動。這道理不僅限於收拾生活空間，而是每個人在行動上共通的真理，而人生，同樣需要整理。

煩惱自己總是沒辦法採取行動的人，無論是無法整理好房間，還是無法越來越接近自己理想的人生，其實大部分都不是真的辦不到，而是因為「不知道怎麼將想要的結果或目標具體地表達出來」。不斷使用模糊的詞彙、訂下根本做不到的目標，這些本來就會導致計畫失效。

然而，「整理」是和「心理」密切相關的活動，就算是擅長整理的高手，也幾乎沒有人能具體說明出在「整理」這個行為背後的機制，以及大家是以怎樣的心理來做出行動的，因為他們畢竟不是心理學專家。

其實，只要試著「了解自己」就能改變結果，可以讓幾十年來都對整理感到煩惱的人瞬間如釋重負，人生也會變得不一樣，更不必再因為房間的凌亂而感到自卑。我就服務過不少客戶，因為喜歡的對象提到「覺得房間亂的人很邋遢」，於是就不敢接近對方，覺得自己完全被否定了，感到很痛苦。

因為非常深刻地了解客戶的困擾，同時我自己也曾經是「房間凌亂不堪的過來人」，於是我決定以徹底探討「心理學和空間的關係」，並且把「整理」的概念，成功地應用於商務、溝通、運動、醫療保健、食品、美容等多方面。

透過這本書，我更希望向我們生活的世界提案，那就是進行——不以「整理本身」為目標的整理，而是「為了激發自己的天賦、發揮自我」而做的整理，想不想試試看呢？

我所接觸的多數客戶的房間都雜亂無章，但他們其實是懷著巨大潛能的人才。就如同未經琢磨的鑽石一般。而當我協助他們採取「整理自己和空間的行動」，並且「了解自己的天賦潛能」之後，他們紛紛告訴我自己終於「找到了夢想」、「想起了夢想」，看見他們充滿活力與朝氣地踏上嶄新的道路時，我也由衷地感到幸福。

我認為，房間就是埋藏著自己夢想的地方，也恰恰是能協助你實現夢想的場所。

本書要協助你的不光是表面的整理，而是要邀請你從「思考自己理想人生的模樣」開始，回答最重要的四個問題，接著透過測驗，按照你的個人特質分析出你的潛能類型，並提供專屬於你的具體行動方向。

相信這些行動能夠協助你在職場、人際關係、生活上能更加游刃有餘。

書中也提供了我的5位客戶的真實經驗談，他們很樂意讓大家了解自己的潛能從找尋到開花結果的過程。透過他們的經歷，我想應該能讓大家對整理這件事的看法產生極大的轉變。我也和大家約定，在你身上本來就具備的潛能，在翻看本書後，一定能比現在有更大的發揮。

你準備好開始認識自己、了解自己的潛能了嗎？

我由衷希望你能夠透過「人生整理」活出自我，開啟屬於你獨特、燦爛的人生。

空間心理諮商師　伊藤勇司

Chapter 3 給還是手足無措的你三大方向自我提醒立即感受奇蹟！

Chapter 1

你想過著怎樣的人生？
先從了解「整理」
的真正目的開始

我要談的整理並不只是生活空間而已，
在開始進行真正的整理之前，
希望你先想像「理想的自己」。
如果並不清楚自己想成為什麼樣的人，
現在，就透過本章的4個關鍵問題，
了解自己內心深處的渴望吧！

老實說，整理乾淨並不是最終目標

過去來拜訪我的客戶當中，幾乎都希望自己「變得很會整理」。因為看到書名中的「整理」兩個字而拿起這本書的你，或許也是這樣想的吧？

當我問他們：「覺得整理完之後會怎麼樣？」有人說：「嗯，很痛快吧？」、有人說：「感覺很舒服」，也有人說：「會覺得變得很有動力……」等等，有各式各樣不同的回答。

這裡有個重點，就是越是想整理，但卻做不到的人，其實越常問自己「怎麼做才能整理得很好？」

大家可能會覺得：這不是理所當然嗎？

但這其實是錯的。

剛剛舉的例子裡面，那些人想要的並不是整理，而是「想感到暢快」、「想生活在舒適的空間」、「想讓停滯不前的狀態再次轉動」，這些才是他們真正渴望的事情。「想整理得很好」這個表面的大前提，其實有很大的可能性並不是你真正的渴望，所以你才會好奇這本書的書名——思考著「整理和潛能到底有什麼關係？」

大家會用盡全力、想盡辦法達成自己內心期盼的事，但卻可能不知道自己心裡真正的動力與動機何在，正如同「整理好」只是你表面上想達成的事情，和內心深處真正的期望其實是有差異的，而你真正期望的是什麼？只要自己試著回答這一章的四個問題就能得到初步的輪廓。

截至目前，我協助超過1萬人解決了整理和心理上的困擾，在這之中，不乏能為了自己、家庭或父母等拚命的人，但我卻沒有看過有人會願意為了整理而拚命。因為如果是真心想做的事，不論是誰都能拚命去達成。但若是對那些不是真心想完成的事情，其實是怎樣也無法認真起來的，因為你光是想到要整理，就跟「要自己去喜歡一個你明明就很討厭的人」一樣，怎麼會整理得好呢？

所以本書的重點並不在於要求你把房間整理好，整理只是為了達到目的方法，而最終的目的是要幫助你能夠更深入了解自己、並且徹底發揮你的潛能。

假如你能透過這本書了解到自己的表面意識和深層心理之間有多大的落差，接著慢慢讓頭腦所想的和內心渴望的一致，那麼你所有的行動都會加速。

那麼，接下來你即將開始練習整理你的內心，這幾個簡單卻非常重要的問題，請務必試著回答看看。

整理，從決定理想的生活開始

「你想要度過怎麼樣的人生呢？」

對於這個問題，如果你能夠明確且具體的回答，你的房間應該已經是相當整潔的狀態才對，或許根本不會想要買跟整理有關的書了吧？

越是因為不會整理而煩惱的人，越會想去學習關於整理的方法和技巧。即便因此整理好了，但過不久又恢復原狀的人多不勝數，原因是，那個人本身仍然過著沒有自己的原則、樣貌不清的生活。所以整理好的狀態只是短暫的。重複著如此搖擺不定、漫無目標的日子，結果就是回到原點。

所謂整理，並非最終目的，而是為了開啟理想生活的行動。

因此，你應該先決定的是「你想度過什麼樣的人生」？換句話說，就是決定你自己人生的中心思想。

以各種運動項目來比喻，因為有訂好的規則，所以只要在規則內，選手可以不斷提升自己的能力。反之，如果毫無規範，大家想怎麼比賽怎麼玩都可以，如此一來，可能就沒有任何運動競賽可以成立了。國家也是因為存在著法律，所以人民的行為會受到約束，但若是三不管地帶，或是廢墟一般的地方，很容易就會成為犯罪的溫床。

不希望自己的人生總是一團亂，每天過著茫然的日子吧？所以，要好好思考「自己究竟想過上怎樣的生活？」再依照理想的模樣，訂出自己的原則來，這樣你每天的行動都會有所憑據，生活空間的整理也不過是小菜一碟而已。

那麼，為什麼原則要由自己決定呢？因為，活在別人訂下的原則裡，我們不但會覺得很拘束，久了甚至會感到懷疑與茫然；但若是自己訂下的原則，就能夠活出自己、活得自由。

每當我實際去拜訪客戶的時候，都會先要求他們訂下屬於自己人生的原則。請他們先思考：希望變得如何？渴望成為怎樣的自己？想要創造什麼樣的未來？

我一邊聆聽他們的想法，一邊幫忙他們訂下可以實現想法的具體原則，並協助他們試著按照自己的原則生活。這樣一來，人生也會因此變得有一貫性、更有條理。

現在，請以輕鬆愉快，如同玩遊戲一般的心情，來試著思考以下四個簡單但重要的問題，並且從這四個問題的回答中，了解自己內心真正的渴望，進而訂出自己人生的原則吧！

走向理想人生的第❶個思考

對你而言最重要的事

你理想中的自己是什麼樣子？人生中認為最重要的事情是什麼呢？在什麼狀態下，會讓你自己覺得自己是一個有魅力的人？

以我自己為例，對我而言人生中最重要的事就是「能最大程度的發揮自己的特質和能力，並且喜悅地度過每一天」。

其實訂出這個原則，才不過3年多而已，從明白「自己視為最重要的事是什麼」開始，我變得越來越有活力。前陣子的某一天，我在家附近的咖啡廳寫作，不小心就忘我地寫了三個小時，接著旁邊忽然出現了一個聲音：「同學，雖然知道你很用功，但是不好意思，我們不太方便讓客人待太久」，已經38歲的我內心一陣驚嚇，自己竟然被店家誤會為學生。不過，我可以很有自信地說，自己是世界上最有活力的諮商師。

光是訂下自己的人生原則，人就會開始充滿活力，真的很神奇！

Q「對你而言，人生中最重要的是什麼呢？」

你的回答

生活中的暢快感

人在本質上就是追求「暢快感」的生物。所以內心並不是想要「整理好」這個結果，而是在追求整理好之後湧現的暢快感，是因為這樣才會持續整理；反之，即使整理了也無法感到舒暢的話，就很難再繼續。

這種情況在親子關係中相當常見，父母要求孩子整理，孩子也照做了，但在那之後父母卻說：「現在才整理好？真的是慢吞吞耶！」，如果父母是以這種方式去回應孩子努力的行為的話，那麼孩子只會感到不愉快，而且會建立起「整理的結果＝不開心」的連結，即使孩子知道整理乾淨比較好，但就是不想去做。

可以讓人發自內心行動的原動力，就是「暢快感」。為了能獲得這樣的感覺，訂下屬於自己生活中的規則看看吧。

例如回到家就把玄關的鞋子擺整齊、洗澡前先將地板刷乾淨之類的，簡單能辦到的事情就可以當作日常的規則。順帶一提，我每天一進到事務所，首先會把玄關還有地板擦拭乾淨，尤其是將地板擦到躺在上面也能覺得很舒服的地步，打造這樣舒適的環境之後，自然會產生暢快的感覺，並以這樣令人振奮的心情開啟一天的工作。

Q「為了能在生活中感到舒暢，你每天能做的努力是什麼呢？」

你的回答

人際交往

對你來說，和怎麼樣的人在一起會覺得開心呢？在這個社會上生活，人際關係確實讓人頭痛。不過，如果一個人的人際關係接近自己的理想狀態時，機會就會不斷自己找上門來。

因此，思考「喜歡和什麼樣的人相處」就變得重要，也會連帶對空間整理產生很大的影響。所以，和不適合的對象一起生活、無法拒絕一些可有可無的邀約等等，這樣懦弱的自己會造成很多時間與勞力的浪費，精神上也會越來越疲乏，結果就是行動力降低，也失去整理生活空間的慾望，生活就會逐漸變得一團糟。

如果可以為自己在人際交往上訂出一套原則，就能夠把時間和勞力用在真正適合的對象上，這個看似簡單的行動甚至可能改變你的未來。如果在人際關係經營上，沒

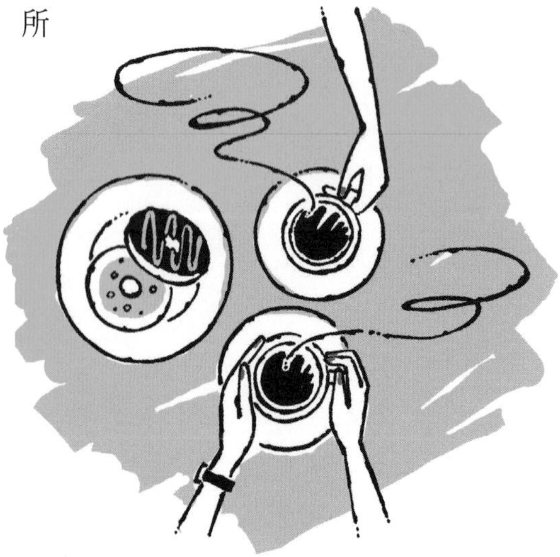

有自己的一套原則，當時間一天天過去，就會變成總是遷就他人而生活著。所以，請靜下來仔細思考自己對於人際交往的原則吧！

Q「和什麼樣的人在一起會讓你感到很自在呢？」

你的回答

生活空間

「環境能改變人、環境能造就人、環境能讓人發揮所長。」

到目前為止，我讓大家從三個角度來思考關於自己人生的一些原則，本章的最後一個，也是最重要的項目，要一起來詳細看看關於我們的生活空間。

這個部分和本書的主題「潛能」是直接相關的，所以後面會進行仔細的說明。

人類也被稱作環境動物，會不知不覺被生活的環境所影響。你的性格的形成，有很高的可能性取決於你所生活的環境。舉例來說，有許多人在日本生活時，明明就是個畏畏縮縮、個性內向的人，但搬到國外居住後，卻變成在社交上很積極的人，這也就代表環境和性格的塑造之間有很大的關聯。

身為一個空間心理諮商師，從踏進一個人的房間開始，到深入觀察一個人的深層心理。一路走來，我從這當中得到一個答案，那就是「房間越是凌亂的人，越是過著無法充分發揮潛能的生活模式」。

舉例來說，有個人明明適合的就是企劃這種需要創意的工作，但實際上的工作卻是會計或行政之類的。我看過太多這種例子，他們「不僅在工作上無法發揮潛能，回到家面對的也是凌亂不堪的房間」。

更進一步來說，所謂潛能，就是在特定環境之下，你無意中不停重複的思考和行動，那就是你的能力和你的獨特之處，在我跟大家說可以從房間的狀態找出自己的潛能這一點，具體的根據就在這裡。

正因為房間的狀態，會顯露出一個人在無意中不斷重複的習慣，也就是空間和人的心理自然會產生關聯。

有句話是這麼說的：「能夠掌握習慣的人，就能夠主宰人生」。如果能透過房間狀態，客觀地檢視自己在無意識中的習慣，就能把無意識做出的行為和挖掘自己的潛能連結起來，也就更有機會活出「理想的自己」。

當人能感覺到自己正在成長，就能感受到最大的快樂。也就是說，能夠過著充分發揮潛能的生活，一定是非常喜悅的。聽著聽著，大家是否在不知不覺中開始期待了呢？

接下來會有5位我服務過的客戶實例，他們從不滿意的人生狀態，到現在不只擁有一個自己滿意的生活空間，也獲得了一展長才的機會。

而我去拜訪客戶的本意，並不是要當一個純粹指導如何進行空間整理的老師，而是從對方房間的狀態，連結到身上的潛能，並且幫助他邁向潛能被充分發揮的生活。

我上述所提的房間和人生的關聯性，你們大概在腦中有點感覺就好，請好好地享受下一個章節，同時不妨一邊想著獲得暢快感，一邊回想目前為止自己所身處的空間。不管是家也好、學校也好、亦或是職場、咖啡廳這些都好。什麼場所是當你身處在那裡就會感到開心的呢？

Q「在什麼樣的空間裡會讓你覺得開心、充滿活力呢？」

你的回答

Chapter 2

活出自己喜歡的樣子！發掘潛能的人生整理術

這個章節是你的潛能分析、整理與實踐篇。
我將潛能分為五大類型，
透過下一頁的【潛能分析檢測表】，
你將會發現真正的自己，
以及你可以透過什麼方法來發揮潛能。
那麼，請以輕鬆愉快的心情，
展開這趟「人生整理之旅」吧！

你是哪一型？

潛能分析檢測表

請勾選出這兩頁中符合你的特質的項目
依照直覺勾選即可，打勾數最多的就是你的潛能類型。
如果你同時符合好幾種潛能類型
可以閱讀其標示的頁碼
然後從中挑選自己比較想要嘗試的整理方法。

- ☐ 包包裡總是塞滿東西
- ☐ 很好約
- ☐ 覺得人生就是需要有發呆的時間
- ☐ 貓跟狗比的話，比較喜歡貓
- ☐ 有時候捷運會坐過站或是換錯車
- ☐ 總是覺得自己好像在著急些什麼
- ☐ 不太擅長傾聽
- ☐ 常常有回過神來才發現已經過了2～3小時的狀況
- ☐ 對於沒興趣的事情完全不想花時間了解
- ☐ 購物時，會因為包裝設計好看就買下來

打勾數最多
藝術大師型
↓
32頁

- ☐ 三角形跟圓形比，比較喜歡圓形
- ☐ 幾乎不太買彩券
- ☐ 對於未知的生物有興趣
- ☐ 曾經有想過自己可以嫁給藝人或名人
- ☐ 為了事情順利會去求個好兆頭
- ☐ 腦袋當中有很多對這個世界有幫助的點子
- ☐ 有時候會表現出自己的黑暗面
- ☐ 對於可以輕易獲得的事物沒有興趣
- ☐ 和他人共事的時候，通常是妥協的那方
- ☐ 東西意外掉落時常常可以及時接住

打勾數最多
閃亮巨星型
↓
60頁

藝術大師型
閃亮巨星型
時尚人物型
超級英雄型
隱性領導型

- ☐ 受小孩喜歡
- ☐ 不限男女，喜歡擁抱之類的親密肌膚接觸
- ☐ 覺得自己怎麼吃都不會胖
- ☐ 比起電影更喜歡舞台劇或歌舞劇
- ☐ 跟人對話的時候常被問「所以結論是？」
- ☐ 錢包裡面零錢總是很多
- ☐ 樂觀思考，覺得船到橋頭自然直
- ☐ 喜歡被他人注意
- ☐ 有被別人說「你被騙了啦」才知道自己受騙的經驗
- ☐ 對於氣味很敏感

打勾數最多
時尚人物型
↓
88頁

- ☐ 很容易就喜歡上一個人
- ☐ 比起獨處，更喜歡跟人群一起
- ☐ 時常會陶醉於自己的發言
- ☐ 比起高級餐廳更喜歡大眾型的居酒屋
- ☐ 就算失敗也能保持正向想法
- ☐ 其實內心覺得如果寫自傳的話一定會大賣
- ☐ 常常被說心情都寫在臉上
- ☐ 滑手機的時間很長
- ☐ 定期捐血
- ☐ 常常被外國人問路

打勾數最多
超級英雄型
↓
116頁

- ☐ 擅長心算
- ☐ 比起花俏的衣服，樸素的衣服比較多
- ☐ 盡量不使用公共廁所
- ☐ 得到「好棒、好厲害」這類抽象的誇獎並不會開心
- ☐ 不會突然拜訪朋友，總是會先確認好對方有空的時間
- ☐ 看魔術表演的時候會想知道背後的機關
- ☐ 對於初次見面的人經常是主動先開口聊天的那方
- ☐ 常常會注意到掉在地上的垃圾
- ☐ 會希望用最短路線到達目的地
- ☐ 不會做沒有勝算的事

打勾數最多
隱性領導型
↓
144頁

其實你是

藝術大師型

其實有這些潛能

- 能夠想出讓世人驚豔的創新點子
- 不會被傳統框架所侷限，能以自己的獨特觀點創造出新事物
- 能夠將既有的東西透過發想、轉換，變成更有魅力的作品
- 能夠廢寢忘食地投入某項事物
- 可以透過自己感性的部分創造讓他人幸福的事物
- 適合不受限制的工作型態，例如自己創業或成為自由工作者
- 能夠把自己喜歡的事情弄得有模有樣，讓旁人心生羨慕

擅長與人溝通、
總會積極表達自己的想法
感受力很強、
喜歡美麗或鮮豔的東西
內心就像孩子般
天真無邪，
喜好黑白分明
在團體中總是特別突出，
能夠在工作中充分展現自己，
不受團體所拘束
你真正
的樣子
很相信自己的直覺，
也因為行事果斷，
人生算是一帆風順
比起暗色系服裝，
更常穿著
明亮色系的衣服

積極地朝自己的道路前進，就能發揮出潛能

藝術大師型的你，屬於只要秉持著「我要走我自己的路」這樣的堅定意志，與生俱來的潛能就可以充分被展現出來的類型。擁有獨特的生活哲學與信念的你，透過將這獨有的世界觀向外發散，不只自己，周圍的人也會受到影響，生活變得更加豐富有趣，是蘊含正向影響力的人。

一旦你將自己所感受到的事物，誠實坦白地展現出來，和你在一起的人，就能同樣感受到一種前所未有、令人興奮的未知體驗。譬如透過描繪未來或分享夢想等方式，把每天感受到的人事物誠實地透過言語、行動表達，就是藝術型能夠一展長才的關鍵。

現在的房間

塞滿了平時根本用不到的東西

現在的狀態

有著獨特的感受力，卻也因此成為讓自己痛苦的雙面刃

對於情感面較獨特的藝術大師型的人而言，通常在人際關係上容易比較辛苦。你是否因為無法從團體中得到共鳴，時常引起內心或外在的衝突呢？因為這樣也感受到一股壓力吧？在人際關係上如果累積了太多挫敗，就容易變得越來越封閉，為了避免來自人與人之間的衝突所造成的壓力，你已經習慣了只說好聽話，或是不表達自己的意見，為了平穩過活而配合他人。這樣常常壓抑自己的結果也會反映在房間的狀態，房間裡有許多沒有被妥善利用的東西，其實這樣的人並不少。

藝術大師型的你還有這樣的特質

勾選處	
	碰上感興趣的事情，只要話題一開就停不下來
	比起團隊合作，更善於個人戰
	只要有幾個知心好友就夠了
	有想做的事情時，如果不趕快去做就會渾身不對勁
	很享受自己在腦海當中作白日夢的時候
	比起純粹被交辦的事情，比較適合創意發想型的任務
	比起乾淨的空間， 有點凌亂的地方反而比較容易令自己安心
	常常被說浪費時間
	情緒起伏很大
	好惡分明
	喜怒哀樂的情感表現很豐富

打勾數越多，
代表你越符合
藝術大師型！
可對照第30頁
一起確認

藝術大師型的重生實例：Kahori小姐

忠於自己的感受，走向水引繩結藝術家之路

Kahori小姐，一位水引繩結藝術家，目前也在海外舉辦工作坊，十分活躍。回想起來，最初見到她的時候應該是二〇〇九年左右。

當時的我，是沒有出版過任何一本書的狀態，稿子和出版社都還沒有決定好，即使如此，我仍然以「我已經下定決心要出書」這樣的理由，先辦了一場出版紀念演講，而Kahori小姐就是當時的其中一位參加者，那是我們第一次見面。

「Kahori是一位很不平凡、非常有趣的人」

這是我對她的第一印象。

剛認識的時候，Kahori小姐還不是一位水引繩結藝術家，只是向我述說她很煩惱自己亂糟糟的房間，總是想著：「房間什麼時候才會有整理好的一天？」對於自己不擅長的空間整理感到非常不安。

然而，就我一段時間以來的觀察，她只是一邊嘆氣、一邊注視著自己的房間，完全沒有具體行動，根本沒有朝向自己想要的「整理好的房間」前進。當時就她本人的描述，我總覺得她平常好像非常壓抑自己的情感在生活。然而在我和她對話時，她總是話題一個接著一個，完全停不下來，不斷地訴說自己的事。

其實，這就是藝術大師型的特徵，面對接納自己的人，就完全敞開心房、什麼都講；反之，面對否定自己的人，心門很容易就鎖上了。

我不禁感到好奇，於是，為了瞭解Kahori小姐從小到大在人際關係上的溝通模式，我問了她幾個問題。

原來Kahori小姐從小就是非常感性的人，情感相當豐富，時常會有不同於常人的發想，甚至有著無止盡地、光是想到就令人內心激動的點子，非常有創意。

但是，在她與家人和親友之間的關係當中，這樣的自己卻沒有被肯定，反而被形容是「想法奇怪」、「不穩重」、「喜歡作白日夢」，在Kahori小姐的人生當中，幾乎沒有被認真傾聽與接納這些有趣想法的經驗，而這樣的狀態一直持續著。

學生時代，她靠自己打工賺的錢，買了自己很喜歡的包包和衣服，卻被父母責怪「幹嘛買那種包包啊！」莫名其妙地被否定了，她不禁想：為什麼花自己的錢買的東西還要被嫌棄？Kahori小姐如此對我傾訴，這是一個令她感到受傷的回憶。

正因為有過許多這樣的經驗，Kahori小姐認為，如果按照自己的價值觀行動，結果不是被否定，就是被討厭，所以變得乾脆只選擇那些「別人容易接受的東西」。

她開始無視自己感性的一面，為了不要被他人覺得奇怪，只選擇大家都會喜歡的東西。等自己回過神來時，發現房間已經囤積了一堆東西，甚至寸步難行，自己的健康狀況也逐漸變差，經過診斷，她才發現自己原來是ADHD（注意力缺陷過動症）。當時Kahori小姐的房間狀態簡直就像被堵住一樣，心中的情感也無法宣洩，被不是自己喜歡的東西所包圍，從房間到人生狀態都受到強烈的拘束。

而Kahori小姐的轉機，就是決定試著把房間裡滿出來的東西「丟掉」。

不過這裡有一個重點，雖然要試著「丟掉」，但不代表將房間裡的東西全部捨棄就好。對Kahori小姐來說，這個要學習「丟掉」的核心是——

因為在人際互動上無法表達出自己的想法，只好以他人的想法為優先，結果就是囤積的東西越來越多。

剛開始見到Kahori小姐時，她總是想著：我的房間會有整理好的一天嗎？其實，如果從心理的角度深入剖析的話，Kahori小姐內心真正的想法是：什麼時候我才可以真正重視自己的想法呢？

也就是說，表面上看起來是Kahori小姐很想要好好整理房間，但她真正想要的其實並不是這個，而是一直以來渴望有一天自己能「真正珍惜自己的想法」。

如果沒有像這樣去理解內心真實的需求，只是單純丟掉房間裡的東西，對Kahori小姐的將來不但不會有正面影響，就算房間變整潔了也只會是一時的，過不久一定又會回到老樣子。為什麼呢？因為如果沒有發現自己「以他人的想法為優先」的心理，就會不自覺地重蹈覆轍。

有鑑於此，未來Kahori小姐應該要先去意識到的是「我的原則」。不應該配合他人，而是由自己來決定自己生活方式的原則。好好地一邊想自己想做的到底是什麼，一邊學習珍惜自己的想法。

當Kahori小姐開始試著思考「自己的渴望」是什麼之後，她忽然想起，過去的自己其實是個非常喜歡親手製作東西的人。

「都已經是那麼久以前了，現在要做的話，可以做些什麼呢……」

Kahori小姐一邊思考、一邊環顧房間四周，發現了沒有用過的美術紙。「這個搞不好可以拿來做小的禮金袋之類的……」，Kahori小姐順著這個靈感，馬上就開始製作禮金袋。等到回過神來，已經過了好幾個小時，她完全忘我的沉浸於自己的創作當中。

就這樣，因為Kahori小姐非常投入的製作，一不小心就做了太多禮金袋，但又覺得放在家裡太佔空間，於是把那些精美的禮金袋當作禮物送給朋友。

結果其中一位收到禮物的友人這麼說：

「太棒了，妳也順便做一下禮金袋啦！」

Kahori小姐聽到之後下意識地回答對方：「禮金袋用買的不就好了！」不過因為友人很想要原創的禮金袋，所以Kahori小姐也開始著手試試看。

「說到禮金袋，就需要綁『水引繩結』……」

為了完成禮金袋，Kahori小姐第一次認真研究了上頭的水引繩結，沒想到這成為她翻轉人生的契機。

看著經過一番修正後終於誕生的禮金袋，上面的水引繩結簡直像在發光一般。這種將自己作品捧在手中的滿足感，讓Kahori小姐內心相當雀躍。

當她把自己的作品當作禮物送給朋友時，對方那超乎自己預料的喜悅的表情也讓Kahori小姐想繼續用水引繩結創作些什麼。創作的欲望不斷湧現出來，她也立刻去購買了製作水引繩結的相關材料。

一天，Kahori小姐看著自己創作出來的水引繩結，又環顧自己房間的四周，她發現，水引繩結散發出來的正能量，和房間裡堆積如山的物品所散發出來的負能量，可以說是南轅北轍。

Kahori小姐之前沒發現，但現在很明顯地，房間裡負能量的物品太多了，她想著就從現在開始，希望讓自己的房間能散發出美好的能量，就像她做的水引繩結那樣精緻而耀眼。

有如此深切感受的Kahori小姐，開始把那些自己覺得明顯散發負能量的東西一個接一個丟掉。

這個「丟棄」的行為，並非只是單純地把不要的東西丟掉而已，而是成為「將總是配合他人想法的自己解放出來，進而重視並珍惜自己原有的渴望」的行動。

和水引繩結的相遇，可以說是無心插柳柳成蔭，成為了Kahori小姐人生的轉機，逐漸找回了開心喜悅的自己。

現在她一邊在埼玉縣的日本雜貨商店工作，一邊也以水引繩結創作家的身分努力著。Kahori小姐對店裡的貢獻不只是提高業績，甚至還自己訂下目標：「明天銷售要達成〇〇萬元！」結果真的連續好幾次都達標，同事們都說她是「先知」。現在的她非常有活力，並且總是充滿朝氣地度過每一天。

今後Kahori小姐的夢想是到她嚮往的夏威夷定居，並且和欣賞的藝術家在水引繩結的創作上一起合作，她想像自己能夠像世界各地傳遞日本文化，並且透過水引繩結為人們的生活帶來美麗的色彩。

藝術大師型的人，一旦懂得重視自己內心的感受以及獨特的感性，便可以非常果斷地決定某個物品的去留。如果能持續將想法明確化，就可以整理出符合自我的空間。

對藝術大師型的人來說，出發點不是「我要整理房間」，而是「我要來設計我的房間」，這樣的直覺性思考方式，或許更能提升整理的動力。

整理，並不是為了讓房間變整潔才做的，而是為了讓你的特質和魅力可以充分展現出來。接下來，我會以對Kahori小姐來說成為轉機的「丟棄」為最重要的關鍵，介紹我推薦給藝術大師型的人生整理術。

覺醒的藝術大師型：Kahori小姐的整理故事

藝術大師型的人生整理關鍵字

丟棄

藝術大師型的你，首先最希望你可以做的整理練習是「丟棄」。為了使你身上的潛能被發揮出來，學會珍惜自己的感受是最重要的。房間某種程度也反映出你感性的部分，所以居住的空間就會成為你獲得創造力和靈感的契機所在。

禪宗裡有句話說「放手，即滿手」，意思就是如果懂得放下現在手上緊握的東西，就會得到真正重要的東西。對於富有才華的藝術大師型的人來說，若處在一個腦中很混亂、很煩惱的狀態的話，人生就會產生停滯感。為了總是能挑戰、創造出新事物，必須儘量不受到他人的價值觀束縛才行。因此，養成丟棄的習慣對藝術型來說非常重要，那麼，要怎麼做？以下是我給你的人生整理建議。

✳ 釐清自己的價值觀

方才我們已經看見了Kahori小姐的真實例子，對屬於藝術大師型的你來說，丟棄的真正用意是「釐清自己的價值觀」。把東西丟掉並不是最終目的，真正重要的是過程中能夠建構出重視並珍惜自己原有想法的你。為此，首先在你直接思考丟棄什麼之前，先將自己的思緒整理整理吧。請把你認為重要的價值觀寫在筆記本上，想到什麼就寫什麼，例如：「我認為誠實很重要」、「我想盡可能幫助弱勢者」等等。如果是喜歡畫畫的人，也可以把自己重視的觀念用圖畫的方式描繪出來。

✳ 只購買真心喜歡的東西

說到底，會一直出現需要丟掉的東西，根本原因就在於「選擇東西的方法有問題」，正因為沒有選擇自己真正喜歡的東西，需要丟掉的東西才會堆積如山。越是想丟掉東西的人，比起去思考怎麼丟掉，重新檢視自己「挑選東西的方法」才是更重要的。那麼首先，抱持就像在尋寶的心情，把家裡頭你「真正喜歡的東西」找出來吧。

＊只留下真正想要的物品

對於身為藝術大師型的你來說，「對事物的堅持」是非常重要的。要避免「隨便、都可以啦」的想法，改為追求「這個才好！」的精神。這個道理在人際關係中也是相通的，就像被說「你做也可以」和「非你來做不可」，這兩者的差異一樣，顯然聽到後者會比較開心吧。為了讓自己成為「非你不可」的存在，在做取捨時，千萬要從只留下真正想要的東西的角度思考才行。

＊接觸新鮮的人事物

如果被過去所束縛，放不下的東西就會越來越多。正因為你是屬於想像力和創造力豐富的人，所以讓自己時常去接觸新的刺激吧。譬如去看看沒看過的東西、去逛逛沒去過的地方，或是去和平常沒機會接觸的人聊聊天。透過這樣持續去接觸自己有興趣的新事物並接受刺激，最後就能不再執著於那些不必要的東西，可以好好放手。

✳丟東西要在中午前丟

從早上起床到中午的這個時段，是相對腦袋比較清楚的時間，也比較容易判斷什麼對自己來說是必要的東西，所以如果要嘗試丟棄一些東西的話，我建議在中午前進行，比較能毫無留戀地快速行動。

✳按照直覺判斷

對藝術大師型的人來說，在丟棄東西時要重視的是你的直覺。不要過度去思考，而是用你的直覺、感覺下判斷，即便失敗也沒關係，發現還是需要的物品，再重新購買就好了。必須把丟棄東西當成一個能讓你的直覺更敏銳的訓練，透過丟棄這個行動來培養自己的感受力，未來就可以更相信自己直覺喜愛的事物，避免不必要的囤積。

發揮藝術大師型潛能的人生整理重點

◆透過丟棄物品來理清自己的思緒

◆重視並珍惜自己的感受

◆忠於自己的感受去行動

剛才向大家提到了關於丟棄的行動，但其實最重要的並不是丟掉東西，而是「透過丟東西的過程讓腦中思緒可以被整理」，這才是意義所在。絕對不要帶著「反正就是丟掉，東西有變少不就好了」的想法，反而應該想像成是透過丟棄的過程讓自己變得更加精煉。

好好重視「自己的感覺」，不要先去在意別人會怎麼想，而是要對「自己的感受」養成高度敏感的習慣，這就是能激發你的潛能的重點功課。

當你已經做到能透過丟棄物品來整理自己的思緒，下一步就是「養成將自己的感性面透過行動表現出來」，並且養成習慣。當你展現出自己真正的感受，進一步得到他人的共鳴時，也會大大提高你的創作欲和動力。

對你的感性和潛能來說，重要的不是你擁有多少，而是當你毫無保留向外展現自己的時候，就能產生無限的價值，這點希望你能時時放在心上。

養成珍視自己具有的感性特質，就能讓潛能更加發揮，接下來我會以對藝術型的人來說特別重要的整理空間為重點，介紹讓人能在整理的過程中同時練習發揮潛能的幾個要點。

發揮藝術大師型潛能
第一個整理的空間是

客廳

客廳這個空間，是「放鬆的場所」。我們會在這裡休息、吃飯、看看書、追劇等。我們應該都知道如果是運動選手，在緊張的狀態下便難以發揮全力。必須在放鬆的時候，潛能才得以百分百發揮，有時甚至能發揮超乎想像的程度。

身為藝術大師型的你，只有在活用你的「想像力、創造力」的時候，才能一展長才。而當你身心放鬆的時候，這兩股力量才能發揮作用，也就是掌握「抑制」的副交感神經比掌握「興奮、促進」的交感神經更活躍的時候，你也會自然湧出很多靈感。

請把整理客廳這件事想像成是在解放你內心深處無限的可能性，帶著這個想法，試著按照接下來所介紹的整理方法做做看吧！

靠直覺找出客廳中有違和感的地方

整理的時候，首先要設定具體目標，然後反推現階段要做的行動，也就是說，是需要先構思整理的模樣。如果沒有「希望客廳變成什麼樣子」的具體意象，就會無法完成行動。為了養成這種想像的能力，首先要先重視「對自己來說有違和感」的直覺，就算是缺乏想像力的人，至少都有能感覺到「哪裡怪怪的」的能力。透過不斷修正不和諧的地方，最終便能強化構思的能力，慢慢達到理想的狀態。

把歪斜的傢俱調正

當你用直覺環視整個空間之後，接下來試試看調整你覺得不太順眼的擺飾。例如把廚房的椅子擺好、把地毯的皺摺處壓平等。總而言之，就是把你覺得不協調的地方修正，讓客廳的整個視覺畫面變得更美觀，依這個標準去調整每個傢俱。然後重新看待客廳這個空間，當作是「自己的藝術作品」，這樣你對整理這件事的想法，應該也會變得比較積極。

整理椅子和沙發

回到家後，為了解除疲勞，一定會想放鬆一下。想必大家最常做的就是先往椅子或沙發上躺吧。在這個回家後馬上能放鬆的空間中，如果東西四散各處，或是衣服堆得亂七八糟的話，光看就累了。還有，因為椅子經常被使用的關係，所以反而會成為盲點所在，椅子上附著的灰塵其實比想像中多，可以用毛巾擦拭，或是用吸塵器吸一吸，再不然也可以用滾筒式黏拖把滾一滾，總之把它清掃乾淨吧。讓空間變得舒爽清新，放鬆的效果也會提高。

把東西收納地美美的

對藝術大師型的人來說，比起把目標放在學會機能性很強的收納技巧，不如花心思在「把東西收得很美觀」上。追求便利性是「理性」，而美觀屬於「感性」。把空間打造成可以刺激你的感性的地方，就是能否開發出藝術家型潛能的關鍵。帶著這樣的意識去思考收納的話，對你在挑選物品的基準也會產生影響，自然就會選擇「可以被收納得很好看」的東西。

盡可能減少客廳裡的文字資訊

去到高級飯店的房間，會發現周圍幾乎沒有文字性的資訊吧？一旦周遭資訊很多，就會忍不住開始思考而無法放鬆。正因為客廳是我們每天久待的場所，所以我們很容易把明天的行程、代辦清單之類的，貼在冰箱、傢俱或牆壁上，或者是掛上砥礪自己的話語，但這對於藝術大師型的你來說，反而會因為這些文字訊息讓你的感性被關閉。為了使客廳能充分讓人放鬆，盡可能地除掉一切有文字訊息的東西吧。

裝飾桌子

可以在桌上擺些花花草草，或用自己喜歡的小東西裝飾，整理成自己看了心情可以平靜下來的樣子。就像是在一片空白的油畫布上作畫一樣，按照自己的喜好，在桌面展現出你的美感和感性。如果能打造成瞬間看到就能感受到好心情的狀態，對於放鬆就會特別有效果，也有助於在回家後順利地從緊張的工作模式切換到休息模式。

一週一次，用抹布擦拭客廳的地板

我們會用「腳踩在地板上」來形容穩健、踏實，而藝術大師型的你，特別容易因為想像力太過豐富，有時會出現脫離現實的傾向。地板是我們每天行走的地方，所以為了讓那些豐富的想像力和現實平衡一些，試著定期用抹布擦拭客廳的地板吧。不使用吸塵器而刻意用抹布的理由是，蹲下來擦地板的時候，看事情的視角也會跟著改變。光是轉換視角，對於得到嶄新的構想也是非常有效果的，這也會成為你發現對新事物看法的契機。

PLUS！藝術大師型的你這樣整理更幸福

將臥室維持成一個散發正向能量的空間

當人在睡覺的時候，腦部會進行資訊的整理。會把當天吸收的資訊做取捨，只留下必要的資訊，並成為記憶的一部分。比起舊的事物，新獲取的資訊比較容易被記憶下來，所以一般來說睡前兩小時前所吸收的資訊是最容易被記住的。身為藝術大師型的你，不管是正面或負面的想像力都很豐富，一不小心就會讓自己陷入其中，所以盡可能地在一天的最後，讓自己接觸正面的資訊後再休息，也推薦一邊參考前述關於丟東西的要領（第46～49頁），一邊把臥室整理成散發正面能量的地方吧。

在臥室裡播放音樂

音樂對人類心靈的影響很大，甚至有一個稱做音樂治療的專門領域。音樂的應用方法很多元，讓臥室裡環繞著舒服的音樂，對藝術大師型的人來說，有助於「養成重視自己感性的一面」。可以放自己喜愛的歌曲，不過請將重點放在那些「會讓你感到愉快的歌曲」。如果是中文歌曲的話，因為歌詞的內容不自覺就會進入腦海，讓你的思緒受到影響，所以從古典樂或是西洋音樂裡挑選也是不錯的辦法。

+α 每天花15分鐘讓心靈沉澱

藝術大師型的你，對事物的關心程度比一般人多上許多，好奇心很旺盛，所以如果沒有特別意識到這一點，很可能會過著心靈完全沒有辦法放鬆的生活。能自我覺察的人，只要每天花15分鐘就好，來冥想吧。不是普通的放空，是要專注集中於某個行為的冥想。例如在睡前，閉上眼睛專注做腹式呼吸，或是在黑暗中點燃薰香蠟燭，集中精神盯著那搖曳不定的火焰。總之透過安靜地度過時間，充滿紛擾的內心就得以被好好地整理。

藝術大師型總整理

避免因為旺盛的好奇心
迷失了自己；
將房間打造成
能更重視自己的空間

整理房間的同時，其實也滋養了你的心靈。藝術大師型的你，正因為感興趣的事物太多了，如果所有的領域都去關注的話，等自己意識到的時候，可能已經迷失了自我，所以「想辦法讓自己可以常常想起『自己才是最該被自己關注的對象』」，就是你能持續發揮潛能的關鍵。請將這個想法時常放在心上，帶著「希望在房間裡的我總是可以感受到自己的魅力」的渴望，開始打造能讓你一展長才的房間吧！

其實你是

閃亮巨星型

其實有這些潛能

- 多才多藝，在很多領域都可以很活躍
- 分析能力好，可以從不同觀點找出事物的本質
- 有能力將原本是敵方的人轉為我方陣營
- 光是分享自己關心的資訊，就能對他人產生正面影響
- 只要是為了自己的成長，就能夠孜孜不倦地持續努力
- 有成為經營者的潛力，可以和他人一起完成夢想
- 能在極端嚴肅和輕鬆自在這類兩極化的狀態中自由轉換

兼具熱情與冷靜
是個聰明人
能掌握事物的全局
並看準未來採取行動
最喜歡的事情就是
自我成長
心中渴望對社會有貢獻
實際上也有執行力
你真正的樣子
能用幽默的方式
談嚴肅的話題
撼動他人內心的

外表舉止非常優雅
內在則有股堅強的韌性

堅持主張、不過度在意他人，就能發揮出潛能

閃亮巨星型的你，是透過把自己的想法和點子表達出來就能發揮潛能的類型。但也不是想到什麼就說什麼，而是基於經驗和客觀的數據，再加上你的創新發想能力，所以，只要把你覺得值得分享的東西清楚表達出來，你的未來將豁然開朗，也會形成和周遭事物的良性循環。這樣的你是可以自我感覺良好的，甚至自戀一點也沒關係，反而周遭的人也會感到比較自在。閃亮巨星型的你適合培養自信，讓自己更強大，這就是你能活得更耀眼的關鍵。就算和他人意見不同，也不要遷就多數的一方，必須堅持貫徹自己的思想。

現在的房間

表面看起來很整齊
其實抽屜和櫃子裡一團亂

現在的狀態

因為很在意別人怎麼看待自己
造成內心越來越失去自信

閃亮巨星型的你，總是魅力十足，很有影響力，但同時也會很在意他人，有比較敏感的傾向。這樣的你希望別人對自己有好評價的期待越強，在他人面前就越只會展現一定會被接納的自己，這樣的你，其實內心深處也隱約感覺到不對勁。

如果一直花時間在拚命隱藏自己的弱點，就等同於浪費了展現自己優點的機會，也會越來越失去自信，這種內心深處的疙瘩，正反映在「表面看不出來，但抽屜和櫃子內部卻雜亂不堪」的狀態。

閃亮巨星型的你還有這些特質

勾選處	
	受到別人關注會很開心
	喜歡前往沒去過的地方旅行
	不管別人說什麼， 只會投入在自己有興趣的事物中
	得到感動自己的資訊或情報時， 會忍不住想跟他人分享
	喜歡和有幽默感的人在一起
	心思十分細膩， 所以偶爾會顯得怕生
	容易受到地位、名聲、權力 比自己高的人影響
	對於有興趣的事情馬上就想去查查看
	屬於想到就能立刻行動的類型

打勾數越多，
代表你越符合
閃亮巨星型！
可對照第30頁
一起確認

閃亮巨星型的重生實例：Yuuko小姐的例子

從重視完成小事的成就開始，內向的你也能展翅高飛

Yuuko小姐是一位家庭主婦，同時也是籌辦「整理」的相關活動的一員，參與許多演講企劃、有時也親自執筆，甚至也上電台受訪，非常投入於研究「如何能讓人生活得更快樂」。有次，她偶然在網路上搜尋「整理」這個關鍵詞的時候，找到了我的部落格，成為她認識我的契機。

當時Yuuko小姐的狀態，其實思緒相當雜亂，常常因為和別人比較而讓內心焦躁不已。尤其是從公司離職、成了全職家庭主婦後，因為每天必須面對自己所不擅長的家事，於是開始覺得自己什麼都做不好。

世上有很多簡直可以說是神人級的家庭主婦，他們的房屋可以一直保持得很整

潔，空間的設計也相當有品味，有些還會受邀到電視節目或雜誌的專訪。而Yuuko小姐就是因此萌生出「我也好希望像他們那樣子閃閃發光喔」的念頭，覺得自己一定也能把家事做得很好，於是她開始去逛書店，幾乎翻閱了架上絕大多數的整理書籍，然後開始嘗試整頓自己的房間。然而，這並沒有讓她的生活產生什麼變化，反而是一直在整理這件事上感到挫敗。

她想著如果去上課，並考取整理師的資格證書，就算是家庭主婦，也可以成為充滿自信、閃閃發光的女人吧？Yuukoº小姐甚至在夢中看見了那樣的自己。於是她決心為了拿到整理資格證書而好好努力。在不斷學習之下，Yuuko小姐確實比以前整理得更好了。

但是，她並沒有因此感到滿足，反而又開始覺得「跟其他同學相比，我還差得遠，如果不變得更強，就無法指導別人啊！」。

抱持著「一直認為自己很不足」這種負面想法的她，就在這時候偶然瀏覽到我的部落格，當她閱讀到關於「整理」一詞的真正意義時，也看見了我所提到的：就算很努力的學習整理技巧，也不代表能打造出自己理想中的房間，因為他們並不一定學到真正有用且具體的整理方法。我的部落格以心理學的角度來討論「整理的真義」到底是什麼，而Yuuko小姐看完之後，也就不再認為「整理就是要弄乾淨」，她長久的疑惑終於出現解答，忽然間有了安心的感覺，就這樣，Yuuko小姐便一直默默在閱讀我的部落格和雜誌專欄。

我在雜誌專欄中曾經提到我的母校——日本心理健康協會創辦的心理學學校，而Yuuko小姐對於該協會所開設的心理學課程也很感興趣，於是她報名了相關課程，並且認為自己如果可以拿到諮商師的資格，就能夠自己創造工作機會。

然而，Yuuko小姐一邊上課，一邊檢視自己對待他人的方式，例如和孩子、老公、父母的相處模式，Yuuko小姐不斷回想自己和他人互動的過程，開始思考自己是不是做錯了什麼。本來應該是帶著輕鬆的心情去上課的，但Yuuko小姐卻慢慢地陷入自責的無限循環。

記得心理學課程的老師曾提到：「完美主義的人，容易越學越覺得想死喔」，我想Yuuko小姐就是這樣，越是學習，越聚焦在自己尚未成熟的地方，導致每次上課的時候都深陷痛苦之中。

即便如此，Yuuko小姐還是抱持著之後等待自己的會是一個更美好人生的想法，所以她持續堅持下去，直到進入心理學的專業課程。課堂上有對教學充滿熱忱的老師，課程內容也和生活很貼近，在和同學一起討論的過程中，她也慢慢了解了自己內心的機制，煩躁感逐漸淡化，心也慢慢變得平靜，漸漸地她能夠把課堂上所學到的東西內化成自己的想法，並且思考著要怎麼運用，例如企劃相關的講座。但實際上，在完成一系列課程之後，她並沒有真正把想法付諸實踐。

差不多就在那時候，我受到日本心理健康協會的邀請，擔任專業課程的講師，那是我第一次見到Yuuko小姐。她後來也報名了我第一次舉辦的兩天一夜整理心理學實踐營隊。這個營隊是小班制，在位於日本大阪的一個機構舉行，在營隊當中，Yuuko小姐說她印象最深刻的是「伊藤勇司這個人」。

Yuuko小姐發現我只要一有機會就會說出：「太棒了，很好！」甚至我也常常對自己說：「很棒！做得好！」雖然多少看過有點自戀的人，但她說自我感覺良好到這種程度的人她還真沒看過。除此之外，我在課堂中針對學生的發言，也幾乎都會先找到對方說得很好的地方，然後立即誇獎發言的學生。「總是誇獎自己做得好的地方，也願意常常肯定身邊的人」，Yuuko小姐覺得我是個很特別的人。

在營隊中，Yuuko小姐問我——為什麼總是可以找到別人的焦點、為什麼可以這麼喜歡自己，而且在大家面前稱讚自己也不會彆扭呢？

「勇司先生，您是怎麼做到可以一直給予自己肯定的？」

我回答她：「能夠高度自我肯定的關鍵條件，在於『持續在小事上肯定自己』。」即使是微不足道的事，但畢竟還是完成了啊，所以請試著對自己說：『你做到了！』來肯定自己。在這樣做的過程中，我肯定自己的次數自然就比一般人多，除此之外，為了能給自己更多的能量，我會很重視自己完成的小事情，例如透過日常生活中就能輕鬆達到的『整理』，就是一個很有效的方法！」

聽了我這一番話，Yuuko小姐馬上就開始嘗試「在小事上給自己肯定」。不一定非得要完成什麼了不起的事，也不需要等到別人的認可。「要由自己來肯定自己達成的事情」。想要更輕易做到「肯定自己」，首先可以「將平常已經做到的事情，細分成幾個小步驟」開始。

回想一天24小時，肯定有許多視為理所當然要完成的事情，將這些事盡可能詳細地寫下來，例如：「今天我做得好的事：1.早上成功在8點起床 2.我有好好刷牙 3.我為家人準備早餐……」，試著記下那些理所當然的行動，因為這些都值得被認可。

光嘗試這樣改變之後，Yuuko小姐甚至不再因為老是和他人比較，以及總是否定自己的努力而悲傷，反倒是內心感受到強烈的感動，而且是為自己感動到幾乎要流下眼淚的程度，「原來自己每天完成的事情有這麼多啊……」她開始能夠自我肯定。在那之後，她也著手整理房間，例如擦完桌子後，就馬上給自己一個肯定。就這樣一個項目接著一個項目整理，同時給「行動後的自己一個肯定」，如此循環。

之前讀過好幾本有關整理的書藉，但都還是沒有看到明顯改善的Yuuko小姐，現在變得「很享受整理」，整理這件事情已經在不知不覺中融入她的生活中。

重點來了，Yuuko小姐並不是變得喜歡整理東西，而是因為「肯定自己是一件快樂的事」，所以才自然會想要整理，因為這是能夠簡單獲得自我肯定的方法，絕對不要小看「自我肯定」的力量。

閃亮巨星型傾向越強烈的人，會因為完美主義作崇，容易以他人的看法來判斷自己的價值。這並非不好，但只要走錯一步，就會像過去的Yuuko小姐一樣，常常和他人比較，然後只看見自己比較不足的部分，陷入不斷責備自己不夠完美的循環中。

為了終止這樣的惡性循環，很重要的是，要由自己來肯定自己。在這樣不斷認同自己的過程中，就可以感受到很純粹的喜悅，這就是「身為閃亮巨星型的本質」——具有可以帶給旁人幸福感的特殊能力。

就這樣一步一步地，Yuuko小姐持續不斷地「肯定完成小事的自己」，這也讓她想起了過去。結婚生子後，她總是想著：「我要成為可以在背後支持丈夫的好妻子」。然而，結婚前的她，曾經是樂團主唱，總是站在最前排，盡情揮灑活力與散播快樂。當時的自己乾脆、直爽又果斷，而現在的Yuuko小姐在每天進行「肯定自己」

的行動後，忽然發覺，能夠乾脆、直率地表達自己，才是讓她最自在的生活態度。

Yuuko小姐體認到這件事情之後，更想專注投入在自己有興趣的事物當中，她清楚地向丈夫表明：「從現在開始，請讓我按照自己喜歡的方式去做吧！」。不再以別人的意見為第一，而是變得可以誠實的說出自己的想法。

Yuuko小姐原本給人的印象是個內向的家庭主婦，甚至根本沒離開過大阪市。現在的她，想去哪裡就去哪裡，想和誰見面就和誰見面，從大阪飛到東京，或遠到紐約，每天都把生活過得非常精彩。甚至，她根據自己的經歷，出版了一本書：《毒蛇鳳凰來教你——拯救家族的整理術》（KADOKAWA）。

閃亮巨星型的人，尤其不擅長把自己脆弱的一面展現出來，但其實這種自行吸收自己的脆弱還有負面想法的能力，正是閃亮巨星型可以發光發亮的契機，因為從根本上來看，這樣的人正是具有堅強的特質。

從「肯定完成的小事自己」開始，這成為Yuuko小姐人生的轉機，接下來，我會以這個肯定自己的過程為核心，介紹屬於閃亮巨星型的你，更能具體提升自我肯定的能力，甚至可能改變你一生的整理術。

覺醒的閃亮巨星型：Yuuko小姐的整理故事

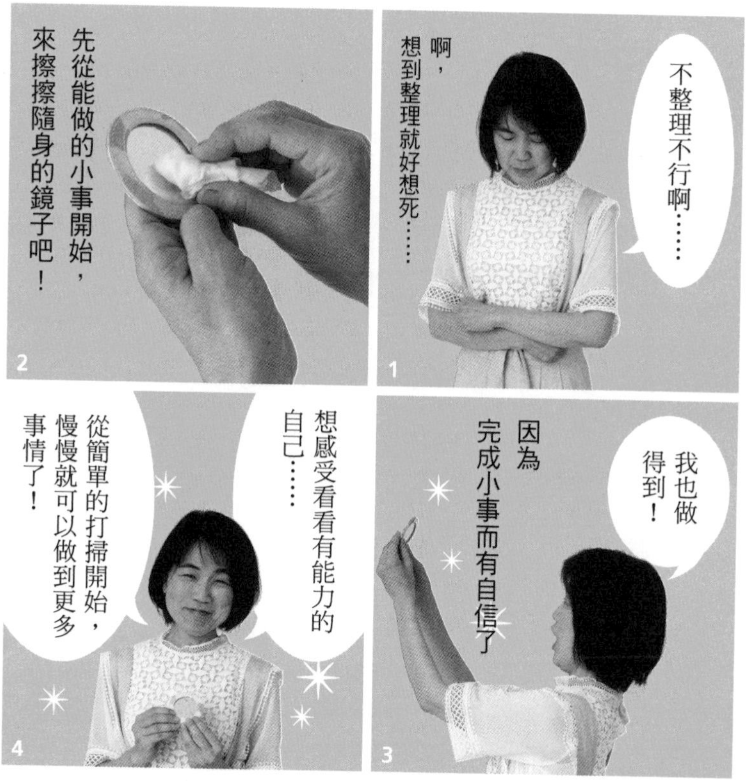
1
不整理不行啊……
啊，想到整理就好想死……
2
先從能做的小事開始，來擦擦隨身的鏡子吧！
3
我也做得到！
因為完成小事而有自信了
4
想感受看看有能力的自己……
從簡單的打掃開始，慢慢就可以做到更多事情了！

閃亮巨星型的人生整理關鍵字

逐步完成

對身為閃亮巨星型的你來說，首先最希望你可以重視的行動是「逐步完成」。才華洋溢的你，因為幾乎什麼事情都難不到你，非常有能力，所以是很被需要的存在，因此也容易出現一個特質是，會把回應別人的要求和期待，當成自己的中心。回應他人的期待或許可以得到一時的滿足，但是卻無法讓自己的人生真正感到充實。為什麼呢？因為自己必須要成為那個肯定自己的人，對閃亮巨星型的你來說，才會有踏實感。

所以，藉由養成一點一滴地將事情完成的習慣，並且肯定這樣努力的自己，以此來強化、重視自己的想法，並逐漸形成能自我肯定的生活態度，這就是你在整理時的專屬方式，而具體來說可以這樣做：

✳把最終目標分成幾個步驟完成

首先，為了能一步步地將事情完成，基本的做法是，養成把動作拆成幾個步驟的習慣。譬如把「打掃玄關」這個行動分為「把不穿的鞋子收進鞋櫃」、「把玄關的鞋子擺正」、「用抹布把玄關擦一擦」等。把「打掃玄關」這個不夠具體的行動目標，變成一個一個明確的小步驟，只要這樣做，心理上對完成整個行動的壓力也會變小，很神奇吧！

✳「一個行動・一個項目」

針對一個行動，只要訂下一個完成項目就好。我把它稱為「一個行動・一個項目」原則，因為越是想把事情做得完美的人，這樣的人在想像一個行動時，其實具體的內容會包涵很多個項目。舉例來說，想著要「整理房間」的時候，其實包含了「整理書櫃、衣櫃甚至浴室」，因此，可以先把目標縮小為「整理書櫃」，接著再利用剛剛說的「步驟拆解」方法，例如整理書櫃的第一步是「先把房間裡的書集中起來」，那麼就可以專注地先去進行這個項目，完成之後再進行下一個，透過完成小事，逐步成就大事。

✳ 決定「我不做的事」

閃亮巨星型的你，相當靈巧，具有能把每件事都做得很好的能力，也習慣列出一張「待辦清單」。這個也想去做，那個也想去做，結果就是事情一堆，但實際上則常常心有餘而力不足，付諸行動去做的寥寥無幾。所以應該試著逆向思考，在心中想好「決定不做的事」，並認真看待這一點。這樣的話，去做那些本來就擅長發揮的事情，集中力就可以提升。有了可以明確「向某些事情說不」的能力，你的閃亮巨星型潛能就能獲得真正的釋放。

✳ 養成記錄想法的習慣

有卓越成就的閃亮巨星型都有一個共通點，那就是有做筆記的習慣。把想法寫下來，常常整理自己的思緒，持續將理想的自己文字化，就能逐漸走出自己的路。雖然現在大家都在使用智慧型手機了，但是透過實際寫下文字，可以將平常模糊不清，沒有意識到的真實內心反應出來。動筆寫字本身，就是將無形的內在感受有形化的體驗，透過把內心想法具體化的反覆行動，就能夠讓自己真正感受到正在走向理想未來的路上。

✳ 決定範圍後再行動

為了能一點一滴地將事情完成，預先決定行動範圍後再去做吧。不要只是模模糊糊地說要動手整理，而是把範圍確定之後再行動，像是「今天整理一格抽屜就好」，或是從「先把錢包裡的發票拿出來」開始試試看，在錢包這一個很明確的範圍內，只做取出發票這項簡單的動作，光是這樣的結果，也可以馬上體驗到「錢包變得很清爽」的舒適感受。

✳ 行動前先設定時間

行動的效果會因為設下時限而提升。為了將事情一點點、一點點地完成，應該善用零碎的時間。例如，決定在5分鐘內整理好，那麼就可以把「5分鐘內能做完的事情極大化」，閃亮巨星型的你，如果做一件事能達到自我成長的回饋會是你最大的快樂來源，這麼做也會讓你能一鼓作氣地奮發向上。

發揮閃亮巨星型潛能的人生整理重點

◆累積能感受到自我成長的體驗

◆把自我成長視為生活目標

◆記錄自己做到的還有做得好的事情

目前為止我們談論了關於「將事情一點一滴完成」的關鍵行動，透過反覆將小事完成，會直接連結到「自我肯定和成長」。閃亮巨星型的你，只要是想做的事，幾乎都有能力表現得很好，所以會特別想追求更大的成功，但是一旦過程不順利或結果失敗而充滿挫折感的話，有可能導致無法重新站起來的嚴重後果。

考量到這點，使你的潛能更加發揮的要點是，不應該專注在成功這件事情上，而是應該把生活目標放在能夠「自我成長」。就算你傾注全力去做某件事情，也不保證一定可以成功。但是只要認真地生活，不論是誰都會獲得成長。如果只是為了追求成功而下判斷，便很容易選擇錯誤，但如果選擇可以讓自己成長的事，就不會受到眼前得失的影響，能做出最純粹的決定。

接下來，為了具體能感受到自我成長的真實感，重要的是養成「記錄」的習慣。這邊的重點在於把「做到的事」和「做得好的事」記錄下來。小時候父母親或許會幫我們做成長紀錄，但長大之後，要練習自己把自己的成長持續記錄下來，這同樣非常重要。

出社會之後，如果沒有特別留意的話，對於自己的成長和變化的感覺就會變得很遲鈍，因而產生自卑感，最後造成負面的連鎖效應，越來越難累積自信，所以把自己每一小步的成長都記錄下來吧。

請閃亮巨星型的你把自我成長視為重心來發揮你的潛能，接下來我將介紹適合你的空間整理要點，在以下的整理行動中，具有可以讓閃亮巨星型的你百分之百發揮與生俱來的潛能的效果。

發揮閃亮巨星型潛能
第一個整理的空間是

抽屜

抽屜是顯露自己內心深處的地方。就整理房間來說，把外人看得到的範圍打掃得很乾淨的人很多，但是連抽屜裡面都能收納整齊的人卻是少數。

對閃亮巨星型的你來說，有件事情很重要，那就是要保持在了解自己內心的狀態。不是只把抽屜當作是一個存放東西的空間而已，也不是只知道裡頭有什麼，而是要將抽屜當作是能讓每個物品都能發揮價值的收納場所，如果能做到這點，那麼你將具有不管身處什麼狀況，都可以把與身俱來的潛能發揮到極限的心理素質，也就是無論是在什麼場合，哪怕是緊要關頭，都能有高水準的表現，展現不慌不忙的強大心理素質。

閃亮巨星型的你正因為對自己的成長和成功的欲望很強，所以行動時，應該要意識到自己身上的許多潛能，是否能被有效發揮，這樣未來的發展就會更加開闊。

接下來要介紹的整理術，能夠讓你培養出能不受到場合侷限、有效發揮原本實力的心理素質。

挑選一個抽屜，確認裡面有哪些東西

首先，只要挑一個抽屜就好，從「確認裡面有什麼」開始。越是不擅長整理的人，越容易在一開始整理的時候就想著要趕快丟掉東西，或是要把哪裡給擦乾淨。但其實不用急著改變什麼，先看看抽屜，掌握裡面有些什麼，這麼一來自然而然就能分辨出「需要」和「不需要」的東西，雖然表面上只是一個確認現狀的工作，但可以透過掌握自己所擁有的物品，無形中讓自己透過思考，能更真確的瞭解自己擁有的潛能。

取出所有物品，只留下真正想要的

確認抽屜裡面有什麼之後，盡量不要直接在抽屜裡做取捨，而是什麼都不要想，將抽屜裡面所有的東西都先拿出來吧。光是這個動作，也可以感受到一種完成一件事的體驗。東西都拿出來後，先把抽屜內部擦乾淨，再把東西放回去，而且只關注在把「想放回去的東西」就好，不是想著我要丟掉什麼，而是思考想放回去的是什麼，這樣可以學習明確地選擇出真正想要珍惜的東西，同時也是在練習讓內心不會因為三心二意而讓自己再度陷入兩難。

備用品只要留一個就好

在把東西放回抽屜的同時，如果有那種留下它是因為怕「搞不好以後會用到」的備用物品的話，請留下一個就好。只要這麼做，對於備用品的狀況就能有所掌握，用完的當下也可以馬上補貨，也不會發生明明家裡還有剩卻去買的狀況，更不會想一直去填滿抽屜裡剩餘的空間。如果可以做到時時掌握自己抽屜裡面有哪些東西，往後找東西的時候既不會煩惱、也不用花太多時間就可以取得需要的物品。

思考方便拿取的收納方式

把東西收進抽屜裡的時候，別急著塞進去，先想想方便取出的擺放方式吧。時常動腦筋思考「怎麼收，拿出來的時候會更方便？」如果是衣服的話，可以試試看「直立收納」，至於實際操作的例子，只要上網查詢「衣服 直立收納」，就會出現許多相關的介紹。把那些當作參考，研究如何能極致地做到方便拿取的收納，你就能更清楚掌握裡頭有什麼物品，也更容易活用它們。

往可以減少收納空間去思考

越習慣把東西往裡頭塞的人，越容易產生「如果有更多地方可以放就好了」的想法，反映到自我上，就會變成這個想做好、那個也想做好，這時候就要透過逆向思考，為了能整理到令人神清氣爽的狀態，朝著減少收納空間的方向去思考，如此一來，自己也會對真正需要哪些東西更講究、更加精煉，生活品質也會逐漸提升。「減少收納空間的同時，也是暗示自己要集中精神在能發揮自己最大潛能的事情上」，帶著這個意識，選擇真正必要的東西，讓留下的東西變得更加精簡吧。

PLUS！閃亮巨星型的你這樣整理更幸福

將浴室打造成幸福的空間

浴室是一個可以一邊洗澡、一邊打掃，嘗到一舉兩得滋味的場所，不只把身體清潔乾淨了，同時還消除了一整天累積的疲勞，而且有助於提升睡眠品質，為明天作準備。比起其他地方，浴室是一個容易「體驗完成一件事」的場所，所以光是進去浴室盥先，就可以提升自我肯定感。對於閃亮巨星型的你來說，浴室是一個很重要的空間，因此，要把浴室打造成可以讓自己產生幸福感的狀態。透過盥洗，一邊放鬆，一邊也回顧今天一整天自己的成長吧！

給自己在浴室裡沉澱思緒的時間

只是快速淋浴或簡單盥洗的人很多，但閃亮巨星型的你，特別要養成讓自己有機會在浴室裡沉澱思考的習慣。不論是浸泡在浴缸當中，讓身體暖和起來，或是慢慢清潔身體，同時回顧今天的事情都很好，不要只是匆匆忙忙的沖洗，讓行動有點餘裕吧，這將成為讓你能散發內在光芒的小練習，也是發揮「明星」特質的關鍵。

每天都要確認冰箱狀態

冰箱裡的材料因為幾乎都有保存期限，是一個流動性高的空間。雖然大家每天都會打開冰箱，但是「有意識打開冰箱」的人卻意外地少，正因為習慣了開開關關，所以過期的東西就永遠擺在裡面，或是放了一堆用不到的東西，讓冰箱時常處於爆滿的狀態。現在，試著養成「有意識地確認冰箱中的東西」的習慣，透過時常掌握冰箱裡有什麼，就像檢視抽屜裡的物品一樣，也能鍛鍊出正確判斷的能力。

+α 購物時，以一開始的目標為優先

買東西的時候，希望你一定要重視的是保有「目的意識」，也就是原本是為了買什麼東西而出門的，到達賣場時不要輕易地被別的東西給吸引了，特別是在購買日用品時，很容易妥協，結果買了一堆不是真正需要的東西。例如決定好今天的菜單所需的食材，就照著目的來買東西吧！如果總是受到限時特價之類的促銷影響，結果就是冰箱裡擺滿了用不到的東西，造成自己的困擾。

+α 把「做到」的小事記錄下來

回想今天一整天當中，自己做到或完成的事情，記錄在筆記本或手帳上。例如你現在閱讀到本書的某個章節，就可以寫下「第一章已經讀完」的記錄。被記錄下來並確認的事情，就會成為你成長的具體證據。生活中持續不斷的記錄這些「完成的事情」，會讓你相信「自己是可以辦到的」，並不是因為沒有能力所以要這麼做，而是提醒自己記得我其實完成了多少事情，很了不起，同時在面對未知的挑戰時，也可以產生「一定可以做到」的自信，擁有勇於面對的心理素質。

閃亮巨星型總整理

重視每件完成的小事
同時肯定自己；
藉由整理的記錄來確認
自己成長的足跡

整理和我們的生活緊緊相連，整理後的成果更是輕易可以看見的，因此可以實際感受到「做到的自己」和「正在成長的自己」。如果可以具體的記錄下那些成長的足跡，讓自己了解到的話，對於以自我成長為樂的閃亮巨星型特別有幫助，一定要重視並養成「確認・記錄」的習慣。別將他人對自己的肯定當成自己成長的依據，你該記住的是，能幫助你朝向自己理想的樣子成長的習慣，肯定自己、感受自己每天都更進步了，這才是讓你的潛能無限發揮的關鍵。

其實你是

時尚人物型

其實有這些潛能

- 自己的人生態度可以帶給他人影響
- 靠著展現明亮的人格特質，就可以輕鬆地在這個世界生存
- 自帶氣場，即使沒特別打扮，也能瞬間吸引周圍目光
- 有像星探一般，能找出他人身上亮點的眼光
- 不管幾歲都能保有年輕人的敏銳感受力
- 擁有能夠感染眾人的正向影響力
- 不顧一切地追求自己所愛，可以讓你的職涯更漂亮

為了讓自己越來越有魅力
很懂得投資自己
你真正
的樣子
忠於自己的價值觀，
喜歡的東西就會說喜歡
不會想太多
直覺認可的
就會很乾脆地下決定
對於沒興趣的東西
懂得拒絕
擁有豐富的表現力
全身上下都充分展露自我
擁有超凡的魅力
很擅長打扮

追求自己真正所愛的，就能發揮潛能

時尚人物型的你，透過重視讓你「喜歡到心跳加速」的東西，與生俱來的特質和潛能就能充分展現。「我現在的心情真的有覺得興奮嗎？」成為重要的判斷依據，不管有沒有道理，只要是靠著你真實的感受和感性下的判斷與決定，都會很順利。同時，將你的喜怒哀樂等任何情感，都誠實地表現出來吧。「情感豐富」本來就是你天生的特質，這也成為你超凡的魅力，對於你感到喜歡的事物，就要「比任何人都更喜歡它」，這樣你的潛能才可以100%發揮出來。

現在的房間

受到他人價值觀影響，沒有個性的房間

現在的狀態

自己喜歡的東西不被他人接受時，就會去迎合他人的想法

先天上就極具魅力的時尚人物型，當自己的「喜好」無法得到他人肯定的時候，就會懷疑自己「是不是這樣很奇怪或很無趣？」然後開始描繪出他人眼中有魅力的自己應該是什麼樣子。

如果長期得不到認同的話，就會為了得到好的評價刻意偽裝自己，變得好像在扮演某個角色一樣。如此你身上天生的魅力和感性就會被他人的想法所掩蓋，不敢得罪任何人的狀態也會顯現在你的房間，可能是堆滿別人給的東西，包括別人推薦買下的商品、他人贈送的物品甚至是廣告傳單等，房間呈現出毫無自我的狀態。

時尚人物型的你還有這些特質

勾選處	
	光是使用自己喜歡的東西 就可以變得開心又興奮
	很能夠體會到小確幸
	外表一派輕鬆，其實有認真的一面
	非常討厭一成不變的工作和勞動
	本來只是要查喜歡的東西而上網， 但回過神來才發現上網太久導致睡眠不足
	得到別人肯定的評價時會非常喜悅
	討厭被別人拿來比較
	做不到的事就會想要找藉口
	如果要分成悲觀和樂觀，比較接近樂觀型
	比起被不特定的多數人喜歡， 更喜歡和少數自己超喜歡的人湊在一起

打勾數越多，代表你越符合時尚人物型！可對照第30頁一起確認

時尚人物型的重生故事：Yuka小姐的例子

不斷忠於自我才能開啟的奇蹟相遇

我的另一本著作《給想整理房間 也想整理人生的你》裡的主角Yuka小姐，現在總是帶著燦爛的笑容，是個能帶給他人快樂的人，現在也活躍在日本各地。

記得最初和Yuka小姐見面是在二〇一〇年左右，但真正進一步深談，是在她處於人生低谷的二〇一六年。

接近六年不見，那天，我若無其事地詢問她的近況。

「好久不見啊！Yuka小姐最近過得怎麼樣？」

聽到我的問候，她有氣無力地對我娓娓道來。「其實，我發生了好多事，現在的狀態有點慘……我太容易亂花錢了，等我發現的時候，自己已經欠了一屁股債，和老公的關係也不太好，工作上也非常不順……」

其實光是看見她一副無精打采的模樣，我就知道她應該是過得不太順利。我問她：「現在最困擾妳的是什麼？」她回答說：「每個月都要還貸款很辛苦，只能不斷地籌錢，還錢大概就是最大的困擾吧……」。

當我繼續追問之後發現，因為金錢上的煩惱，所以Yuka小姐認為不想點辦法不行，就去參加了一些商業講座，也去書店翻閱如何致富的書籍，但即使這樣，她的生活還是沒有任何改變，甚至，Yuka小姐有一次異想天開，覺得不如來賭一把吧，於是又貸款了數十萬只為了報名某個教人快速致富的講座，結果，反倒害自己陷入了金錢借貸的惡性循環。

那時的我只是傾聽她的心聲和狀況而已。之後過了幾天，剛好我收到電視台的節目邀約，對方說「希望可以做一個特輯，拍攝老師親自幫忙改造凌亂房間的過程」。

一開始收到這個邀約時，我本來想拒絕的。因為他們說希望10天後就要開始拍攝，不只時間太短，通常房間凌亂的人，相對內心處於封閉情況的也比較多，我覺得應該不會有人願意接受。

就在那時候，我突然想到不久之前才相遇的Yuka小姐，也想起了她當時說的話。「如果是Yuka小姐的話，搞不好有可能……」如此靈光一閃的我，馬上就聯絡了Yuka小姐，接著我也向她說明了事情的來龍去脈。

「電視台邀請我去上一個節目，如果妳願意參與的話，我可以免費幫妳諮詢跟改造房間。但是過程要讓電視台的人來拍攝，包括妳的房間的全部狀況、個人狀況還有一切諮詢內容和改造的相關內容都會公開」。當我這樣跟Yuka小姐提出的時候，不曉得是不是因為她認為自己已經身處絕境了，竟然一口答應。不過，她接著在電話中聽來是苦笑著問我：

「話說，我那個時候只有跟你提到自己的經濟狀況啊，連一次也沒有跟你提到自己的房間狀態，為什麼你會知道我的房間很亂呢？」

既然被問到了，我是這樣回答她的：

「因為我認真思考了妳提到的各種不順利的情況，想說沒有意外的話，房間大概也是這樣吧。還有，從妳說話的方式我也感覺得到。越是處在沒整理好的狀態的人，他們在與人溝通時，通常容易一直講自己做不到的地方，或覺得自己很糟糕的部分，就算問她問題，也不會有明確的結論，而是講話繞來繞去，最後對方也不知道她到底想表達什麼。把話說白了就是，言語間會給人腦中一片混亂的感覺，而Yuka小姐就讓我有這種感覺。」

當我這樣直率地回答她時，她又再次苦笑了。

之後我們開始錄製電視台的節目，屬於Yuka小姐的改造計畫也正式展開。

然而，實際踏入Yuka小姐住處的那一刻，我才發現，Yuka小姐的家是我見過的案例中可以說是前三名凌亂的，一進門，根本沒有地方可以安心讓腳踩上去，狀況相當慘。衣服也多到無法全部塞進衣櫃裡，一部分的衣服像門簾一樣隨意掛在門口。電視台的人，還有其他相關工作人員，所有人看到現場的狀況後一片譁然。不過我一邊看著這樣的現狀，心想著，對於現在的Yuka小姐來說，能打破現狀的關鍵就是，從以別人為中心的狀態中脫離出來，將重心回歸到自己身上，讓自己成為自己的中心。為什麼我會這麼想呢？因為我發現散落一地的東西當中，幾乎沒有是Yuka小姐自己覺得必要而購買的。我告訴她我的觀察之後，就開始著手整理。

Yuka小姐根本不知道該從哪裡開始整理才好。對於這樣的Yuka小姐來說，即使對她說：「我們來整理吧！」也難以順利行動，因為只說了「整理」，實在太不具體，也沒有為這個人的情況去設定具體適合的方法，我在本書的開頭就解釋過，這就是無效的表達。所以，在我觀察了Yuka小姐的房間整體狀況之後，決定請她先把房間裡面看起來最多的東西聚集在同一處。

「Yuka小姐，請你先把散落在地上的書聚集到同一個地方。」

光是這樣表達，Yuka小姐馬上就能夠採取行動，開始只拿起書藉。因為目的很明確的關係，所以只花了15分鐘左右，就完成了把書聚集起來的這個行動。算一算發現，原來房間裡總共堆積了接近300本的書。順道一提，其中也有我的書。

「好，那接下來我們來把書分類吧！請妳把妳真心喜歡的書挑出來。」

沒想到這樣說完，Yuka小姐留下的書籍只有13本。全部都是介紹自然風景名勝的圖鑑，其他剩下的書幾乎都是關於自我開發、投資理財類，以及如何賺大錢的書。Yuka小姐並不是真的喜歡那些書才買的，全是因為想改變眼前遭遇的不順利，希望可以做些什麼改變而購入的書。我明白告訴她這些書全是「每當妳看到就會瞬間聯想到不順利的自己」的書籍。

即便這樣對她說，她也無法馬上說丟就丟，還是有點抗拒，所以折衷的辦法就是，房間只留下她真正喜歡的書，剩下的全部裝到紙箱中，寄放在我的辦公室裡。光是解決書籍這件事情，整個房間就空出一大部分的空間了。

我們就這樣進行了一整天的改造計畫，結束之後發現，扣掉書籍，要丟棄的東西竟然裝滿了16個垃圾袋！最後，雖然這次的改造計畫並沒有被電視台取用，但是對Yuka小姐來說，透過整理書本這件事，「自己喜歡的東西自己決定」的行動成為一個特別的契機，而她的人生也開始產生改變。

在那之後的Yuka小姐，不需要再勉強自己去整理東西，並且本來對她來說最大的問題，也就是錢的部分，也可以暫時放在一旁，我建議她不應該老是想著先解決錢的問題，而是請她只要徹底記得一件事，那就是「對於自己喜歡的東西，無論如何都要珍惜並重視才行。」

Yuka小姐真的按照我給她的建議，非常有毅力地堅持一段時間後，不知不覺中，金錢的問題獲得了解決，和先生也變得比以往親密，本來很討厭的工作，現在竟然讓他非常專注且投入，可以說人生完全逆轉，而她的真實故事後來也集結成冊出版了。

不只是出書，那之後在Yuka小姐的身上還發生了更令人驚嘆的奇蹟。其實，Yuka小姐在3歲的時候就和親生父母分開，並且被他人作為養女扶養長大，然而大約在二〇〇九年的四月，突然間，她接到了生母的一通電話，就這樣，幾十年不見的母女相認了。

Yuka小姐根本不知道自己的生母還活著，而且因為生母是在自己很幼小的時候就離開了，所以也記不得母親的臉是什麼樣子，沒想到在這種情況下能再次見面，而她透過生母也得知了一些令自己意外的事實。

Yuka小姐的生母是個高個子，過去曾經是運動選手，是非常有活力的人。但Yuka小姐小時候就常被養母說：「妳就是因為身體太虛弱才會如何如何」，所以Yuka小姐從小就認定自己是一個運動白癡，而在見到自己生母之後，Yuka小姐心想：「搞不好其實我的運動神經明明就很好……」，於是她鬆開了從小到大綑綁著自己的想法，發展出自己活潑的一面。現在更在日本全國各地演講，分享自己的人生經驗，並且為了保持活力與健康，也開始鍛鍊自己的身體。

現在的Yuka小姐有時會跟我一起在講座進行對談。Yuka小姐只是完全專注在「追求自己的喜好」這一件事情上，人生就因此一百八十度大翻轉了。

那麼，時尚人物型的你，是不是也很期待自己的改變呢？

覺醒的時尚人物型：
Yuka小姐的整理故事

我想要改變現狀…
為什麼會變成這樣？
飯也做不好，覺也睡不好，什麼都不好！
1
外人看來俐落優雅
回到家卻癱軟無力
2
自從選擇自己喜歡的東西之後，一切就開始改變了！
我最喜歡的平底鍋
3
屬於我的好日子終於來臨！
幹勁十足！
4

時尚人物型

時尚人物型的人生整理關鍵字

擇我所愛

對時尚人物型的你來說，首先最希望你可以重視的第一步是「擇我所愛」。對你來說，隨時保持敏銳的感受，傾聽內心深處最純粹的聲音，是讓你的潛能得以發揮的重點。要變得可以對自己的喜好敏感，讓你的生活被真正喜歡的人事物圍繞。這樣做的話，你度過的每一天就會保持一貫性。

透過不斷的選擇「自己喜歡的」，你與生俱來的感性就會越來越豐富，對於沒感覺的東西，就乾脆地放手，自然而然就可以更果斷地判斷事物。時尚人物型的你，比起要理性地判斷「什麼要丟，什麼不要丟」，你更需要做的就是「只要一心一意投入在喜歡的事物上就好」，雖然聽起來很憑直覺，但在這麼做之後，人生才會感到暢快。

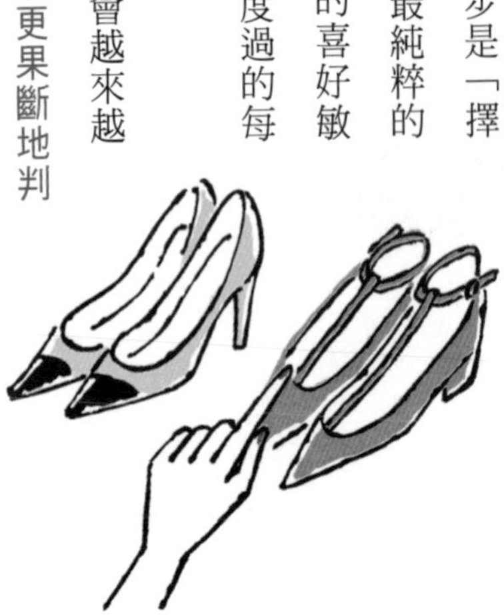

✳ 剛起床的5分鐘，想想自己喜歡的事物

經過一夜休息後，早上一起來的時間，腦中的資訊是整理好的狀態，因為沒有雜亂的想法，所以是感覺非常靈敏的時刻。透過在那段時間當中思考自己所喜愛的人事物，就能用好心情來開啟一天的生活。而且因為早上進行了正向思考的練習，所以也能更順利地一整天維持在頭腦清晰的狀態，自然也就會有許多新發現新靈感。

✳ 用具體的言語或文字表達喜好

你能夠瞬間將「自己的喜好」用言語表達出來嗎？時尚人物型的你，當別人問你喜歡什麼的時候，要能夠瞬間回答出來是最好的，「明確的喜好」有助於讓你的前途一片光明。喜歡的事物、喜歡的人、喜歡的地方等等，透過把這些記錄下來進一步了解自己，讓自己對自己的喜好有更明確的認知，並且做到隨時能夠用言語清楚表達的話，你的人生自然而然就能被「自己喜好的人事物」所圍繞。

✳ 回想過去美好的體驗

光是回想過去美好的體驗，心情也會變好。遭遇難過的事情後，思考可能會變得很負面，通常在那種情況下，做出的選擇也很容易導致不理想的結果。對於好的體驗，例如和家庭的親密感、工作上的成就感、生活的充實感等等，多想想過去的正面經驗，是走向理想的自己不可或缺的原動力。

✳ 思考自己覺得很棒的未來

描繪未來，是改變現在行動的最大原動力。為了讓自己的「喜好」可以真確的發揮，試著描繪自己所嚮往的未來。例如，有人可能認為成為百貨公司的銷售員是我渴望的未來，有人可能覺得登上巴黎時裝展是自己喜歡的人生方向，畢竟每個人的喜好都不同。訂下一個基準比較高的喜好，然後具體描繪出來，日常生活的品質也會跟著改變。

✳ 在房間擺放會讓自己愉快的東西

時尚人物型的你，靠直覺生活才能讓你的潛能被發揮出來。為此，在家裡佈置些會讓你心情好的東西吧。如果有從他人那裡拿到的東西，雖然可能因為不好意思拒絕而暫時收著，但是懂得乾淨俐落地放手也很重要，絕對不要有「反正就先這樣吧」的想法，而是要讓生活填滿「我喜歡的事物」，這樣的你，就會由內而外散發迷人的魅力。

✳ 選擇時不要把價格擺第一

時尚人物型的你，如果出門買東西時，總是非常依賴標價，請改成靠直覺來選擇覺得好的東西吧。若挑選東西時總是把價格擺第一，那對於感覺的敏銳度就會變得遲鈍，最後連自己到底真心喜歡什麼可能都變得模糊。為了能夠總是好好珍惜並選擇所愛，你最需要重視的不是金額多寡，而是你的直覺和感性。

發揮時尚人物型潛能的人生整理重點

◆持續選擇「自己的喜好」

◆重視所感受到的正面情緒

◆多去了解自己所喜歡的人事物

目前為止我們介紹了關於「選擇自己所愛」的部分，希望時尚人物型的你試著盡力去追求讓自己快樂的東西，因為這樣的你也會帶給他人幸福，所以與其只是努力想要做些什麼，不如盡情地投入「自己的喜好」當中，總是勇於把「喜好」表現出來。不要講究理論，或者套用聽到的大道理，而是重視讓自己愉快的感受，你的潛能就能更加發揮。

在這基礎之上，也希望你時常可以意識到你的想像力。因為你非常感性的關係，所以多想想自己喜歡的東西，或是多去體驗自己喜歡的事物，這將成為你可以時常保有愉悅心情的關鍵。

時尚人物型的你，比起使用相對理性的左腦，在日常生活當中，更應該善用富有創造力的右腦。透過對於喜好事物的想像力來產生動機，這樣的想像也會成為你具體能創造出什麼的原動力。

為了讓時尚人物型的你能一展長才，還必須形成讓自己心情愉快為優先的習慣，為了培養出這個習慣，我會以在空間整理上最需要先著手的地方為核心，與你分享接下來的內容，介紹讓你可以透過整理而每天洋溢幸福感的具體做法。

書櫃是掌管我們理性和知性的場所，容易和我們的感性及情感部分形成對比。有句話說「陰極轉陽」，就像這樣，刻意去關注和你的感性相反的部分，反而能夠輔助你的感性和感受力。

時尚人物型的你，有時候正因為在感情表現上很豐富也很敏感，而造成對「最喜歡的是什麼」變得遲鈍。也因為很擅長與人交往，所以有時候不是因為真的很喜歡而去做，只是因為感覺還可以，所以也就順其自然行動了，但這會造成你在不知不覺中迷失自我，因為你會分不清楚自己到底是真的喜歡，還是只是「好像也做得來、還可以接受」而已。

發揮時尚人物型潛能
第一個整理的空間是

書櫃

這樣的你不應該隨波逐流，應該要追求並忠於內心深處湧出的喜悅感，當你能感受到那股喜悅時，才是你的潛能可以更加發揮出來的關鍵。

為此，你要刻意聚焦在和自己天生的感性完全相反的部分，也就是從象徵著理性的書櫃開始整理起，透過整理書櫃，能幫助你形成在不脫離現實的情況下，又能保有自己的中心思想。

找出觸動自己的書

現在在你所有的書當中，只要取出「觸動內心」的書就好。不是讓你獲得知識的書，而是感動你的書。透過這些書，去意識和理解，究竟自己是被內容中的哪些句子，或是怎樣的故事所感動，這會是了解你自己的一個暗示，讓你發覺自己真正想珍惜的是什麼，還有什麼才是你感到最重要的人生價值。人的記憶機制也在於，越是觸動自己的，就會記得越清楚，所以憑著直覺選擇書藉，千萬不要猶豫再三。

把經過理性思考而購入的書籍丟掉或賣掉

這個動作同時可以讓你在無意識中著重於自己的專長，學習對不太擅長的事情乾脆地放手，不要想著自己做做看也沒關係，而是專注在自己能發揮得最好的部分，並且和擁有其他專長的人一起共同合作就可以，所以，練習對沒有感覺的事物放手這一點，對你而言相當重要。

留下讓你的想像力可以自在奔馳的書

對於時尚人物型的你，我很推薦的是訓練你的想像力。

不要覺得構想一定要能言語化，也可以用意象去感受。把那些讓自己怦然心動的照片或喜歡的東西，甚至是和自己的夢想與目標相關的，簡單來說就是讓你對未來能有無限想像的書籍，要時常放在你的手邊。如果你是意志力較薄弱的人，不必去想著我要訓練出堅強的意志，而是透過「點燃你與生俱來的想像力」，結果自然能夠將自己培養成意志堅強的人，而這才是真正適合你的方向。

喜歡的書最少讀7遍

那些觸動你內心的書，至少讀7遍吧。心理學家艾賓浩斯提出的遺忘曲線（The Ebbinghaus Forgetting Curve）告訴我們，人類在學習東西時，20分鐘後就會忘掉42％，經過1小時就會忘掉56％，而經過一天後甚至會忘記67％。有這樣的研究數據，人類一天後就把學過的東西忘掉將近7成。但是如果複習的話，就能記得比較久，複習很多遍之後，甚至能夠成為長期記憶的一部分，所以重複去閱讀的話，不僅可以明確化「我喜愛的事物的模樣」，還能更了解自己所要追求的、重視的是什麼。

他人的推薦都是其次

往後買書的時候，不要因為是誰的推薦就去一股腦地買，你自己的喜好是什麼呢？以那個為主去挑選吧。與其去聚焦在「要丟掉哪些東西」，你更該做的是「培養選擇的智慧」，你才能真正打造出乾淨整潔、自己也滿意的環境。他人的智慧或判斷只要當成參考，但不該成為你的基準。下次當你在買書時，請以你喜愛的、以及能增進你本來就很豐富的感知能力而買吧。

把廁所打造成令人內心舒暢的地方

時尚人物型的你，特別容易受到他人影響，所以在感到緊張時容易身體僵硬，而廁所是一個讓人可以從緊張狀態，轉換到放鬆狀態的場所，如果重視廁所的整理，你就能有個空間能讓自己徹底放鬆，並且感到內心舒暢，光是這樣，也會大幅提升生活中的幸福感。透過在廁所放置芳香劑等方法，按照自己喜歡的方式，把廁所改造成令你可以好好放鬆的空間吧！

養成每天把窗戶打開換氣的習慣

空間和人一樣，都需要「動」，才會產生正面的能量，在空間中的「動」是什麼呢？非常簡單，就是每天打開窗戶，讓房間可以換換氣，當氣在流動時，會影響整個空間的循環，同時還能提升置身其中的人的行動力。而越是光說不練、行動力差的人，就越需要打開窗戶通風，可以幫助你從停滯的狀態脫離出來，也有助於順暢的思考。

幫喜歡的東西取名字

幫自己喜歡的東西取名字吧。透過取名字，來加以確認自己喜愛的事物，而當物品有了名字，就會讓人自然而然對物品產生特別的情感。因為對於喜歡的東西，我們會有一股特別的情感，我聽說如果幫自己的愛車取名的話，那台車就可以開很久也不壞，所以其實我也幫自己的車取過名字，結果那台車在我使用長達8年的時間當中，一次都沒有故障，非常順暢地奔馳著。

調整表達方式，說出期望的狀態

越是不擅長整理的人，會常把「不希望發生的事情」掛在嘴邊。例如「不要忘記帶○○哦！」這句話就是非常具代表性的例子。其實，越是想著不要忘記，就越容易忘記。正確的方式應該是，要想著「我要帶○○」。例如：「我現在要把行動電源放進包包裡」、「先確認有沒有帶悠遊卡」，思考方式從「不要怎樣」，改為「我要怎樣」，用更積極的態度調整說話方式吧，如此一來立刻就會感受到內心狀態的改變。

+α

學習為明天做準備

時尚人物型的你，因為容易靠直覺和感覺下判斷，所以也容易有拖延的狀況，最後甚至因此遭受損失。如果可以養成在睡前為明天做準備的習慣，不只早上起床後會感覺比較輕鬆，也可以防止你在睡前滑手機滑過頭，或是拖拖拉拉浪費時間，造成睡眠不足。「結果是好的就是好的」，請把重視結果的這句話當成內心的座右銘，以每天睡前都為明天做準備的方式，來結束每一天。你將會發現不管是哪個方面，都會連帶順暢許多，不妨就從今天開始試試看吧。

時尚人物型總整理

以「自己的喜好」為優先；
為了能保持愉快的心情
把房間打造成充滿感性的空間

時尚人物型的你，情感就是你的能量。但因為你容易感情用事，所以最重要的是要將你那豐沛的情感朝向好的方向發展。在現實生活情緒起伏相當大的你，久而久之也會感到疲憊，所以，你需要時常意識到「自己喜愛的人事物」，就能把你的情感與能量帶往比較好的方向，並獲得較好的發展。總之，養成時時重視並珍惜「自己的最愛」的習慣，人生就會在無形中水到渠成。

其實你是

超級英雄型

其實有這些潛能

◆ 非常貼心，與人相處時總是能夠換位思考

◆ 本身就是模範，並且會帶給他人影響

◆ 即使身處逆境也不放棄，會持續嘗試到目標達成為止

◆ 可以預測未來各種發展情況，並且設想最恰當的行動

◆ 光是你的存在就可以帶給他人安心和信賴感

◆ 能夠帶動大家，並在愉快的氣氛中達成目標

◆ 就算自己是少數派，下決定時也會堅持自己的想法

會積極不懈地
完成自己的夢想
光是和他人分享
自己的夢想與目標
就能引人入勝
誠實地面對自己的內心
未來將因此更加開闊
堅守自己的信念並依此行動
將對周圍帶來正面影響
清楚表達
自己想法的同時
也能柔軟地包容他人

用具體行動來表達愛時，就能發揮出潛能

超級英雄型的你，不僅忠於自己內心的想法，同時也用行動來展現的時候，與生俱來的潛得以能夠被發揮，並帶給他人正面影響，屬於這樣的類型。超級英雄型的人本來就很擅長為他人著想，正義感也很強，而且感情豐富，喜歡接觸人。光是和這樣的你在一起，大家都會在無形中感到被激勵，甚至燃起對未來的希望。這樣的你特別要注意的是，千萬不要有「不說出來，對方也會懂」這種自認心靈相通的想法，對超級英雄型的你而言，將內心的熱情和真實的想法，用行動或言語清楚表達出來是非常重要的。

比起社會上的是非標準，坦誠地把自己所想的表達出來，如此一來就能和他人建立深厚的關係，這就是超級英雄型的你能一展長才的關鍵。

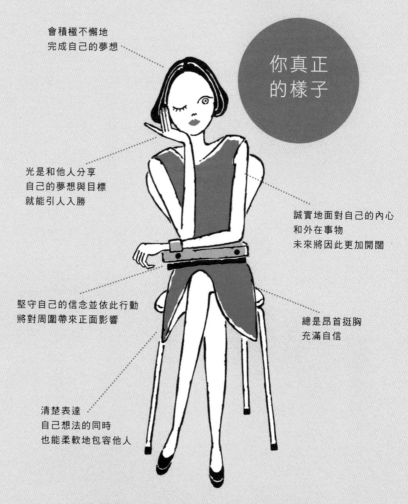

現在的房間

不少地方都覆蓋著灰塵

現在的狀態

因為在意對自己而言很重要的人讓你忽視自己、犧牲自己

超級英雄型的你因為心胸寬闊，所以常常會因為過度為他人著想而犧牲自己，有忽視自己感受的傾向。

你有著讓人想追隨你的魅力，很輕易地就可以把人群聚集起來，但另一方面，你的行動和判斷有時也會落於「只是想回應那些人的需求或期待」，在這樣的信念和心情下所做出的行為，想必也曾給你帶來煩惱和痛苦吧。超級英雄型的你，過度在乎他人而忽略自己、追求被愛的感覺、依賴度高等等，這些都會透過失去活力的房間狀態顯露出來。

超級英雄型的你有這樣的特質

勾選處	
	就算別人都說不可能 也會在自己試過後才下判斷
	喜歡思考如何能讓他人開心
	一旦喜歡上一個人 就會非常專一
	被誇獎時會表現得更好
	有時候連自己都非常佩服自己所做的事
	喜歡照鏡子
	有時候會在他人面前「裝好人」
	常常會想要討好對方
	喜歡透過挑戰得到成就感
	比起把情感直接表現出來 更常把內心的想法隱藏起來

打勾數越多，
代表你越符合
超級英雄型！
可對照第30頁
一起確認

超級英雄型的重生實例：直木先生

透過「擦亮內心」，開啟充滿熱情的人生

直木先生，現在是一位提供想尋找契合伴侶的人們諮詢，並且以彼此的「戀愛觀、金錢觀」進行配對的諮商服務工作者，也是一位獨立經營者，不過我們當初認識的時候，他可是一位公務員。一開始他在國稅局服務，後來來到外資保險公司上班，最後因為底薪實在太低而辭職。當我來到他的房間時，看見報紙、傳單之類的散落在各處，連一隻腳都無法安穩踩下，他就這樣生活在令自己也感到窒息的房間。

後來他利用過去在國稅局的工作經驗，考上了地方公務員的工作。他的所屬部門業務主要是收取稅金，並整理滯欠稅款，也就是負責催繳稅金的工作。和之前在國稅局工作的共通點是，兩者「都是伸張正義的工作」。從那些不按時乖乖繳稅的人手中把錢徵收回來。

直木先生帶著使命感，執行著催繳滯欠稅款的工作，直到有一次，直木先生和上司一起到某家公司催繳稅金時，他的想法產生了變化。

他一如往常的為了徵收稅金而前往目的地時，沒想到出現的是一位為人相當和氣的社長。對方說：「我一定會繳稅的，拜託你們再等一下……」，於是我們彼此約定了一個期限，那時再見面還錢。

到了約定的那天，直木先生和上司再次拜訪了那位社長，但是公司內都不見人影，後來來到社長家中，一踏進屋裡，只看見幾位可能是社長親友的人，接著映入眼簾的竟然是「遺照」，不只是社長本人的遺照，社長太太的遺照也在旁邊。直木先生受到了衝擊，返回公司的路上，上司對他說：

「這種事情常有啦，你馬上就會習慣了。」

聽到上司的這一番話後，直木先生內心忿忿地想：「我才不想要習慣這種事情！」即使如此，也無法那麼簡單地說辭職就辭職，然而日復一日，直木先生慢慢地對業務熟練了，工作量也變得越來越大，但同樣增加的，還有他內心的排拒感。沒想到，身心俱疲的直木先生有天早上起來準備上班時，發現身體竟然動彈不得，完全站不起來。不管怎麼做都沒用，所以那天只好請假了，但沒想到，從那天起，直木先生竟然足足告假三個月。

原來，是他心理狀況出了問題，所以除了去看精神科，也在醫院休養了一段時間。

在那三個月裡，他讀了《被討厭的勇氣》這本書，於是決定痊癒出院後也要持續學習心理學。他想著，透過自己的學習，如果可以幫助到那些和自己有同樣煩惱、身處痛苦深淵的人該有多好。

在回歸原本的職場一年後，直木先生再度想起了當時的想法，決定回到校園學習心理學，而他去的學校正好也是我的母校——日本心理健康協會的心理學學校。當時母校邀請我以畢業生講師的身分上台，那就是我初次見到直木先生的契機。講座結束後，因為他買了我的書，所以拿來給我簽名。當時我在書上寫下「擦亮過去，未來就會閃閃發光」。

這句話的意思是，打造出光明未來的核心關鍵，都包含在至今為止所度過的經歷當中。為了讓自己未來的生活過得更好，大部分的人都容易去追求「現在的自己所缺少的東西」，想著如果可以補足那些自己缺少的部分，就可以邁向更好的人生吧！然而，越是傾向去填補自己不足的人，越是無法把房間整理好，這樣的案例非常多。

不是向外追求，而是應該關注「現在已經擁有的東西」，如果精進雕琢那些本來就有的東西和具備的資質，未來一定會朝向更好的方向發展的。會這麼說，是因為我自己也親身經歷過這樣的過程，所以才在書上寫下這段話給他。

那次的緣分成為一個契機，直木先生開始定期來參加我的講座，後來剛好有一個機會，可以讓他訴說自己從小到大的成長經歷。

直木先生從小就是個很會看父母臉色的「好孩子」，對於父母所說的話，基本上都會乖乖地聽進去，度過了被稱為乖乖牌的童年。「你一定很適合當公務員，所以你出社會後一定要去考公職」聽到父母這麼一說，直木先生也真的就按照父母期望的道路走，目標就是成為一位公務員。雖然內心有哪裡覺得怪怪的，但為了不違背父母的期待，還是乖乖順從了。後來也順利地當上公務員，但隨著學習心理學的過程中，他也開始學習誠實地面對自己真實的內心。

看著不只身體出問題，內心也生了病的自己。直木先生不禁想：

「如果這些真的都是適合自己的道路，就不應該生這種病才對啊……」，於是直木先生對於父母口中說的「你一定很適合當公務員」和自己的人生現狀之間，開始逐漸感到懷疑。

在這樣的情況下，直木先生報名參加了我第一次在沖繩舉辦的營隊。在4天3夜的營隊期間，我以擔任「金錢」這個主題的講師上台演講，因為直木先生曾在第一線擔任和金錢相關的工作，所以我當場問了他一個問題。

「對於直木先生來說，錢是什麼呢？」

那時他的回答是「錢是炸彈、武器、凶器」，「如果使用錯誤就會傷害到他人，甚至招致死亡的東西」。

不過，隔天他又重新給了我一個答案。

「其實你昨天問完我之後，我又再次思考了一下，腦中突然出現一個想法，『金錢應該是愛人一般的存在』，隨著你如何對待它、和它交往，就可能和錢變得相親相愛、變得幸福；但如果對錢冷淡的話，彼此就會遠離。我覺得，這就是金錢。」

金錢就像是你的愛人。直木先生在講這番話的時候，我還是第一次見到他充滿活力且興致勃勃的樣子。所以我也誠實地把我的感想告訴他，我認為直木先生在當公務員的期間一定拯救了許多人的人生，那些都是非常寶貴的經驗。

就這樣，在參加沖繩的心理營那段時光，成為直木先生重新思考人生的契機，也終於發現自己擔任公務員的期間一直感受到那種「想擺脫卻又擺脫不了的違和感」是什麼。

公職生涯已經超過15年，收入也很安定，只要繼續這樣下去的話，將來在存款方面絕對是不需要擔心的。但是，這樣安定、有保障的生活對直木先生來說，卻無法讓他發自內心感到喜悅，因為至今的人生都是為了滿足父母的期待努力過來的，在沖繩營隊結束後，我不禁問了他一次「你有沒有真正想做的事呢？」他說他希望可以像我一樣不受時間拘束地工作，在家人以及自己重視的人身上投入更多時間，並且把人生剩餘的時間，全都使用在能讓自己真正開心的事情上面。

他的想法非常堅定，之後也毅然決然地放棄了公務員這個安定的職業。而我其實沒有給他任何建議，我並沒有告訴他做什麼比較好，或是不要去做什麼。要選擇怎麼樣的生活方式是每個人的自由，我以這個為前提，只對他說了一句：「能夠讓你發自內心感到快樂，這樣的生活方式，非常重要」。

在那之後，直木先生來參加我定期舉辦的工作坊——「擦亮錢幣，就是擦亮內心」，在工作坊中他體驗到了，原來只要內心的狀態改變，身體的表現也會瞬間變得不一樣，於是他下定決心要朝著自己內心真正追求的方向前進，也是在那時候決定要辭去公務員的工作，然後，他成為了現在的直木先生。

要從未來充分被保障的公務員這條路，轉換到未來沒有任何保障的自由工作者，並不是任何人都可以簡單做到的。不過直木先生內心嚮往的並不是有保障的未來，而是「即使不安定，也要勇敢追求自己的理想人生」。

正因為直木先生是一位相當誠實、正義感又很強的人，所以總是過度考量他人，他總是想辦法「回應周圍的期待」，而一直以來都過著壓抑自己的生活。特別是超級英雄型的人，因為替身邊的人著想的特質很強烈，相對容易以犧牲自己的方式來表現。但是說實在的，總是採取犧牲自己、委屈自己的方法，是無法長久的。

而改變這個惡性循環的契機就是試著「擦亮物品」。只要試著擦拭銅板或家裡的東西，馬上就會明白，那變得美麗又閃閃發亮的東品，和人的內心甚至是人生，都是相連的。

「擦亮」這個行為，主要的目的並不是要把東西清潔乾淨，而是要讓它可以回到原本耀眼的模樣。所有的物品，在被生產出來的時候都是新的，自然很美麗，但隨著時間流逝，在被使用的過程中就變得越來越髒。如果不特別去維護和管理，就那樣一直放手不管的話，東西很快就會壞掉而無法使用。

人又何嘗不是如此？如果沒有定期地擦亮內心，就會開始生鏽。有句話說「病從氣來」，如果內心開始「生鏽」的話，身體也會跟著出現問題，對生理與心理的都會造成影響。

自從我和直木先生開始定期保持連繫後，意外有了一個機會聽他分享關於他後來傾注一切熱情去做的事。這麼說雖然可能有點失禮，但我當時還滿意外的，原來會讓直木先生傾注所有力量去做的事，是「戀愛」。本來我對他的印象是比較安靜，是任何事都要求精確、妥當的模範公務員，但聽他訴說自己的戀愛經驗後，才了解到他是只要喜歡上一個人，就會積極地追求，就算被甩也不會輕易放棄的類型，會持續向對方表示自己的關愛，甚至有一次追了對方整整一年，終於成功。他一面是非常聽父母的話，也按照父母的期待的「順從的孩子」；另一面則是完全不同的人格，非常積極且活力充沛的表達自己。

當我繼續追問直木先生的戀愛經驗後，他說甚至有女生對他說過：「從你身上我真的學到了什麼叫做真正地愛一個人」，直木先生不斷地和我分享他喜歡上某個女性後，非常投入且認真追求的一面。直木先生把這樣的自己和當時在沖繩突然得到的靈感「金錢就像是你的愛人」連結在一起。現在的他，正透過自己過去的戀愛經驗，幫助在愛情上感到困惑的女性，也提供因為金錢問題而時常冷戰的夫妻來諮詢，以自身經驗分享相處之道。

除此之外，直木先生也協助我，一起參與製作我第一本以戀愛的角度出發的書籍，書名叫做《想要一起生活一輩子的對象的房間VS.交往三天就膩了的對象的房間》（WAVE出版）。

超級英雄型的人，一旦真正意識到自己內心真實的想法，就會產生誰也無法阻擋的熱情，直到事情成就為止、絕不放棄。接下來，我就以讓直木先生的潛能得以被開發的「擦亮」為中心，介紹相應之下，能讓超級英雄型的人能充分發揮潛能的人生整理術。

覺醒的超級英雄型：直木先生的整理故事

1
我曾是一名公務員
當時內心不斷懷疑我真的適合當公務員嗎……
2
現在我獨立創業了
在擦亮自己的過程中，
3
也好好擦亮隨身的東西
4
零錢也發著光
只是擦拭錢包、名片夾、皮鞋等物件，竟然改變了一切！

超級英雄型的整理關鍵字

擦亮

對超級英雄型的你來說，需要特別重視的行動是「擦亮」。象徵永遠散發著燦爛光芒的鑽石就是如此，在經過切割和雕琢之前，鑽石其實跟一般石頭沒兩樣。透過不斷打磨，鑽石才能綻放出它的美麗與光澤。

就跟打磨鑽石的道理相同，超級英雄型的你透過錘鍊自己的這個行為，時常關注自己發光的部分，這樣的你就不再需要總是配合別人，可以成為一個很有魅力的存在，也能帶給別人幸福，甚至能影響更多人。超級英雄型的你，奉獻心和正義感都比一般人強大，所以一旦過度幫助別人或總是當志工的話，就會越來越容易忽略自己。為了不要忘記自己身上本來就有的光芒，透過「擦亮」的行為，是一個重新審視自己的好機會。

✳ 把桌子擦亮

其實我們並不是因為有動力才有辦法行動，而是因為先去行動，所以才產生動力。關於這個部分，有一名精神病學家——克瑞普林（Emil Kraepelin）則是提出了「工作興奮」理論，他建議「先去做做看」，為了增加持續去做的動機，只要先試著從做一點點開始，最後自然而然能持續完成整個行動。而超級英雄型的我們，可以先從簡單的第一步開始，也就是「擦亮」這個行為，請先從仔細地擦拭桌子開始。重點是「仔細地擦」，一邊專注在桌子上、一邊仔細擦拭，在桌子變得乾淨的同時，你是不是也有種暢快的感覺呢？

✳ 從有光澤的地方開始擦亮

之所以會推薦「擦亮」這個行動給超級英雄型的理由，是因為只要開始做，結果百分之百會變得比之前更好，而這個能感受到「具體改變」的體驗，將會使你對下一個行動產生動力。所以就從簡單擦拭便能感受到效果的地方開始著手。例如水龍頭、廁所的鏡子、手機螢幕等。

✳ 清掃灰塵

環顧家中四周，找出灰塵堆積的地方。灰塵基本上會在「靜置不動、沒有循環的地方」累積起來。光是把那些灰塵擦掉，就能獲得單純的暢快感，而且短短幾秒鐘就可以完成，擦去灰塵這個單純的行為，將會成為擦去日常生活中的迷失和煩惱這類如「想法灰塵」的契機。

✳ 擦拭時常使用的物品

如果平常使用的東西都保持在乾淨明亮的狀態，光是看見那些東西，心情自然就會變好。例如在美國職棒大聯盟戰績彪炳，相當活躍的Ichiro選手，他有一個非常出名的習慣就是很珍惜他自己使用的球具。而超級英雄型的你，也要時常擦拭錢包、鞋子等時常陪伴在你身旁的東西，把它們最美的狀態定為標準，並且保持下去。如果哪天疏忽了，就成為你可能有點靜不下心，或想法飄忽不定的狀態指標。這樣一來，讓自己有可以察覺自己狀態的記號，是不是很好呢？

✳每天只要擦亮一個地方

有實際做過的人就知道，如果真的集中精神專注擦拭的話，就會達到類似冥想的境界，也就是「沒有任何雜念」的狀態。不知不覺中就變得一心一意、專心致志。就當成是整理自己的內心一樣，養成每天擦亮某個東西或地方的習慣吧。鏡子、水壺、鍋子等，貼近身邊的東西就可以了。以我自己來說，則是每天都有擦拭銅板的習慣，雖然感覺很不可思議，但當你這麼做之後，也會發現隨之而來的美好感受。

✳多接觸美的事物

我們的大腦當中有一個叫做「鏡像神經元」的神經細胞，它會「鏡像」所看見的其他個體的行為，就如同自己在進行相同的行為一樣。當我們看見生氣的人時，心情也跟著變差，看到看起來很開心的人，心情也會變好，這些都跟鏡像神經元的作用有關。所以如果你沒有直接去擦亮某個東西的行為，只要在每天的生活中，增加讓自己看見美的事物的機會，那麼你的大腦自然就會因為想要模仿那個美麗的狀態，讓行動力提升。

發揮超級英雄型潛能的人生整理重點

◆保持一次只專注一個行為的狀態

◆聽從內心最純粹的聲音來下決定

◆時時提醒自己所擁有的優點和特質

目前為止我們介紹了關於「擦亮」的內容，如果可以確實養成這個習慣，那麼你將擁有卓越的集中力。把專注於一件事情變成自己的習慣吧！對於那些你認真想實現的夢想或目標，當你越能「全神貫注」的投入時，全身上下將散發出光芒，不管到哪裡都會非常引人注目。超級英雄型的你，持續地做到「一心一意」，就是你的潛能得以被發揮的關鍵。

如果以「一生懸命」的態度，用盡全力，但同時又想達成很多事情，這是很難有效果的，超級英雄型的你要做到的是「一所懸命」，也就是要有把一切都賭在單一事情上的氣魄，這麼一來，當你在追求自己的夢想時，將擁有能帶領他人一起前進的強大影響力。

此外，超級英雄型的你應該要傾聽你內心最純粹的聲音，順著它做判斷，堅守自己的信念向前邁進，如此一來，就算過程中產生任何阻礙，你都不會輕易退縮，反而能培養出堅強的心理素質，朝向光明的未來勇往直前。

世界萬物，在誕生的瞬間都是閃閃發光的狀態。所以說「擦拭、擦亮」這個行為，並不是要讓東西變乾淨，而是「讓東西回到原本閃閃發光的樣子」，擁有這樣想法的你，就能找回那原本就如鑽石般璀璨奪目的自己。

此外，透過「反覆擦拭、擦亮」這個行為，也能鍛鍊你對眼前事物的集中力，同時也有和自己的內心面對面、進行對話的效果。也就是說養成「擦亮」的習慣的話，自己甚至有能力為自己諮商，安撫自己不穩定的心，繼續朝著目標前進。

接下來，將介紹能有效讓超級英雄型的人一展長才的重點整理空間。

發揮超級英雄型潛能
第一個整理的空間是

廚房

廚房是能做出撫慰人心的料理的場所，如果不常常清潔，那麼就容易殘留令人看了會心生不悅的油漬和汙垢。此外，廚房也是和「水」有直接相關的地方，在風水學中常常提到「有水的地方就要保持乾淨」，其實這部分也是有科學根據的。

最新的研究發現，水有可以記憶資訊的特性，在國外，他們甚至讓水去記憶一些健康資訊，並讓生病的人飲用以治療疾病。所以如果讓家裡的流理台和周邊保持乾淨，那麼那裡的水就會記憶住這個美和乾淨，這樣一來，光是身處在那裡就會受到影響，自然而然地你的心也會被洗滌乾淨，甚至也能為你開運。

超級英雄型的你，要鍛鍊自己，讓自己不輕易受外來的雜念所影響，同時也要培養出良好的心理素質，讓自己可以朝著內心訂下的方向毫不動搖地向前邁進，這將是你能好好發揮出潛能的關鍵。為此，希望你能特別留意的就是廚房。

接下來，讓我們一起透過整理，洗滌你的內心，預備投入你所有的熱情與專注力，奔向理想的未來吧。

擦亮家中的用水處——流理台

首先，從家中最重要的用水處開始清理吧。請你仔細地將流理台刷洗乾淨。可以用小蘇打來清洗，如果你上網搜尋「流理台 清潔」，就會出現許多方法，可以當成參考試著實踐。光是讓流理台回到乾淨發亮的狀態，自己也會感到神清氣爽。先透過自己的行動，讓流理台變得閃閃發光，從這一步開始體驗整理為內心帶來的滿足感。

清理水槽

清理完流理台後，千萬不能忘記的就是水槽。水槽的髒污雖然看起來有點嚇人，但實際上只要試著去處理就會發現很容易清潔，但持續拖延的話，日積月累下會變成令人看到就覺得不舒服的狀態。如果你能消除對清潔水槽的抗拒，說服自己去清理它，往後的你便不容易只從表面來判斷事情，而是會「先做做看」再說，自然而然地鍛鍊出屬於自己的判斷力。

清除瓦斯爐周邊的汙垢

即使是陳年汙垢，也能用可以輕鬆取得的電解水去除。當我們在做料理的時候，油會變成微小的粒子噴濺出來，附著在牆壁上，所以，定期地清潔瓦斯爐周邊的磁磚吧。當你如此反覆地實踐，把油漬污垢都擦拭掉的話，無形中那些本來你覺得很麻煩的事情，也能轉換想法再去面對，同時內心也會逐漸變得更正面積極。

一週清潔一次爐架和爐座

瓦斯爐的爐架還有爐座，也是用剛才提到的電解水就可以充分清潔。廚房中，這兩個小地方最容易藏汙納垢，如果沒有定期清潔的話，油漬污垢都會緊黏在上面。試著翻過來看的話，還會發現更多需要清洗的部分，而一旦開始著手清潔，就會想要徹底地把它弄乾淨，在這過程也可以體驗到極度專注的狀態。

最近越來越多人使用電磁爐，所以或許很多家庭已經沒有一般的瓦斯爐了，不過重點是儘量讓有爐子的空間可以保持乾淨清爽。

用餐後，立刻洗碗

人類最根本的需求之一就是食物。如果人的食欲被滿足，就會被幸福感包圍。除了充滿幸福感之外，如果可以養成在用餐後馬上就去洗碗的習慣，可以鍛鍊出不輕易被懶散的狀態所誘惑，更能夠堅守信念來行動。立刻洗碗，也可以說一種簡單的日常訓練，讓你能鍛鍊出足以戰勝私欲的堅定內心。

將玄關的鞋子擺整齊

「一事通，萬事通」，只要進行「把玄關的鞋子擺整齊」這個1秒就可以完成的動作，其他事情也會逐漸產生變化。整頓好一個地方，其它部分也就會慢慢地整理好。帶著這樣的想法，養成隨手把鞋子擺整齊的習慣吧。一旦養成在家裡把鞋子擺整齊的習慣後，在外出時也會同樣這麼做，如果廁所的拖鞋或其他地方也是亂糟糟的話，請自動自發地挑戰整理看看。這個習慣，將會是一個契機，讓你能克服總是敗在最後關頭的自己。

站到椅子上擦拭天花板的灰塵

光是打掃天花板，也可以改善容易「覺得好麻煩」的懶惰習慣。站在椅子上抬頭看著天花板，並且把灰塵打掃乾淨這個動作本身，其實是可以切換大腦的模式，讓大腦發揮出更多的可能性，因為這個動作在保持身體的平衡的同時，不僅頭要向上看，手還要一邊動作。所以覺得整理很麻煩的你，不妨試著轉換思考，其實日常的整理可以突破你懶惰的內心，敦促自己改變現狀。

定期保養最常使用的物品

自己喜歡的物品可以說和自己就像命運共同體。那些不隨身攜帶在身上就不安心的東西，請你更小心翼翼地清潔並且維護它們。例如錢包、鞋子、手機螢幕、包包……等等，這些默默在背後支撐著你的物品，當你越是珍惜地使用，隱藏在你內心當中最純粹的情感也會因此萌芽，待人處事的態度也會受到你如何對待這些物品的影響，最後，身邊願意對自己伸出援手的人也會變多。

訂出屬於自己的時間配比和原則

超級英雄型的你，要培養良好的判斷力才不會被其他雜念影響，保持高度的專注力。為此，你可以先從容易做到的事情開始嘗試，由自己來決定每天時間的安排，例如就寢時間、下班時間、把工作完成的時間、玩樂的時間、投資在興趣上的時間等。舉例來說，決定「晚上10點一定要上床睡覺」，一旦設下時間，就可以倒回去推算來安排自己的行程，如此一來就能變得有能力自己決定事情，判斷力也會提升。

在臥室擺放會讓自己感覺更接近「理想生活」的物品

超級英雄型的你擁有強烈的正義感，遇到有困難的人，總是積極地想給予幫助。這本身雖然不是一件壞事，但如果幫過頭的話，自己有時也會感到痛苦吧？比起直接向對方伸出援手，不如讓對方自己產生「我也想變得跟你一樣」的想法，這樣他不僅能自立自強，你們在人際關係上也能保持適當的界線、各自獨立。你可以試著在臥室裡擺放能讓自己聯想到「理想中的自己」的物品，入睡前、起床時都要記得看看它，如此讓自己每天都能活出理想中的自我。

超級英雄型總整理

養成「擦拭、擦亮」的習慣，

常常意識到

自己擁有與生俱來的光芒，

傾聽真實的內心

把房間打造成閃閃發亮的地方！

超級英雄型的你，對他人的關心和體貼程度都比別人多一倍，然而當自己的焦點都放在他人身上的話，是無法好好發揮出自己的潛能的，甚至會感到孤獨。記得要善待自己，讓潛能得以發揮的方法，就是要學習自覺，具體的做法是要讓自己成為那個對自己最好的人，透過「擦拭、擦亮」的行為，可以很自然地讓你擁有好好感受自己內心的時間，這就是對自己好的方法之一。請在生活中多多自我提醒，比起其他人，自己才是自己永遠的夥伴。

其實你是

隱性領導型

其實有這些潛能

- 常常留意到事物的細節
- 可以掌握全體狀況來發號施令
- 可以很有邏輯地組織事物然後行動
- 能夠不傷和氣地調動他人去行動
- 擅長訂定兼具效率和合理性的計畫
- 擅於整合大家的意見
- 擅長把理想藍圖化為具體可行的做法

精打細算
並採取容易SOP化的行動
很能掌握在最短時間內
達成目標的要領
可以輕而易舉
同時進行多項專案
很瀟灑
稍微嚴肅一點的言行舉止
就很有影響力
擅長統合大家
適合帶領小組工作
總是能夠想出
很接地氣的方法

在幫助他人挖掘潛能時，自己的潛能也得以發揮

隱性領導型的你，很能夠客觀地看待事物，透過和他人的互動，就能使自己身上的潛能展現出來。

分析能力突出，對於很細微的事物也能留意到，一般人注意不到的地方常常都逃不過你的法眼。

此外，總是能顧慮到他人的你，在人際關係上相當和諧，只是和你稍微對話的人，腦袋中的思緒就能自然地被整理好，模糊的想法也會變得明確，所以思考著如何協助他人這件事，就成為你能否磨亮自己潛能的至要關鍵。

現在的房間

東西散落各處的雜亂空間

現在的狀態

正因為能看穿他人，所以反而迷失了自我

有優越的客觀性，能感受並看透他人，屬於隱性領導型的你，其實苦嘗著失落感，有容易迷失自我的傾向。對於人事物，不管是好的部分還是壞的部分，你總是能敏銳地掌握並感受到，所以一旦開始注意到對方的缺點，就會變得只聚焦於那一點；而如果是自己尊敬的人，就會不斷浮現可以給對方帶來幫助的點子，自己的成長也就跟著加速，反之，如果身邊都是令自己厭煩的人際關係，房間也會越來越雜亂，暗示著自己的自尊心正在逐漸喪失中。

隱性領導型的你還有這樣的特質

勾選處	
	總要精確地執行每件事才會感到舒坦
	比起自己從零開始思考， 更偏好先解決那些被交付的任務
	認識的人不少， 花費在和他人相處的時間比自我獨處時間多
	認為事情按照自己預期的進展就是一種快感
	從事有成就感的工作會讓你感到生氣勃勃
	不論什麼事情，認為提前準備很重要
	有時候會因為在意一些小事而搞得自己很煩躁
	對於麻煩的事情會盡量避開
	很少感情用事，基本上都能理性行動、果斷下決定
	比起相互抱怨、發牢騷的關係， 更喜歡和言詞正面、 能互相成長的人湊在一起

打勾數越多，
代表你越符合
隱性領導型！
可對照第30頁
一起確認

隱性領導型的重生實例：Yukko小姐

重新檢視「理所當然」，集眾人之力來完成事情

Yukko小姐是三個孩子的媽，平日除了撫養孩子，也在公司上班，週末也會做些自己想做的事情，生活安排地相當充實。

我們第一次相遇的時候，她已經是很擅長整理的人了，甚至被雜誌採訪過好幾次，是數度登上雜誌頁面的人物，在整理的領域上，她也建立了獨特的技術。

其實我的客戶當中，也有許多像Yukko小姐一樣，雖然很會整理，但仍然來向我諮詢。特別是來詢問如何改善全家人的生活空間，因為「以表面的整理為目的的整理」往往難以成功。

雖然如此，Yukko小姐並沒有這方面的問題，她單純是因為對我的專業抱持興趣

前來，並且參加了我在大阪舉辦的整理心理學營隊。

當時我對她的第一印象是她非常積極、擅於交際，但若是聊到關於自己的事情就反而有點退縮的感覺。對於其他人的事，她都積極幫忙照應，但好像對自己的潛能、能力所具有的價值沒有信心。她認為自己所做的事情沒什麼，比起深入挖掘自己的內在，為了想得到新的收穫，她似乎習慣把重心放在從外部關係中學習。

詢問了Yukko小姐的過去，發現其實她並不是本來就喜歡整理的人。一開始只是意識到自己在婚後越來越胖，逐漸習慣穿著寬鬆的衣服生活，身型也就逐漸橫向發展。因為討厭看見身材圓圓胖胖的自己，所以又去購買了更多能把身體曲線遮住的衣服，就這樣一直循環下去。

然而，在這過程中，Yukko小姐也不斷感受到腦中想像的自己與鏡子裡的自己的差距，而後，就在一次去幫忙人家整理的機會中，出現了改變她的契機。

當她進入那戶人家時，看見了一件很美的衣服。Yukko小姐感到非常好奇，於是詢問怎麼有一件漂亮的衣服單獨放在這裡呢？對方回答說因為自己去接受了骨架分析，那邊的人幫自己挑選了合適的衣服，就是那件。

聽了這番話後的Yukko小姐非常意外，心動之下也去做了骨架分析，診斷後發現自己目前為止所購買的衣服竟然都是不適合自己的衣服。

對方非常仔細地告訴Yukko小姐不適合的原因，包括材質、形狀、顏色等，Yukko小姐也認同他們的意見，於是就把目前為止自己所穿的那些寬鬆衣服丟掉，她的人生整理也就此開始。

趁著這股氣勢，Yukko小姐請對方陪自己去逛街、幫忙挑選衣服。這樣執行後，現在衣櫃裡只有適合自己的衣服了。Yukko小姐內心莫名感到非常痛快，也因此深深著迷於整理的魅力，開始想把心中的感動傳達出去讓更多人知道。

聽完她的經歷後，我心想，比起積極地吸收外來的知識，Yukko小姐自己所經歷的事件本身，應該就很接近於「追求自我價值的過程」。

與此同時，我的專訪還有出版邀約不斷，在日本東京從早到晚甚至有4場會議之多。當我為此招募一名可以協同我同席採訪的秘書時，在營隊中第一個舉手的人就是Yukko小姐。

我和Yukko小姐平時都住在大阪，所以一起搭了第一班前往東京的新幹線。路上我們一邊針對一整天的行程做討論，我也對Yukko小姐說：「雖然被採訪的人是我，但希望妳也可以在採訪中積極提出妳的想法。」我不希望Yukko小姐只是作為一位助理，而是能夠和我「一起將採訪做到最好」，希望她是以這樣的想法來度過一整天。

這次從一早就持續接受採訪，比起我一個人回答時的效果更好，在談論出版企劃的時候，Yukko小姐的點子也被收錄在《實踐式整理NOTE BOOK（宝島社）》這本書裡。

隱性領導型的人，整理情報的能力很強，比起自己從零開始去創造出什麼，和他人一起合作創造事物時，更容易發揮出自己的潛能。理由是，此類型的人是本書所介紹的五種類型當中，天生就有著能自然地讓「整理腦」發達的思考體系。

近年的研究發現，以動物行為學的角度來分析整理這個行為的話，它其實是在一個很複雜的思考活動下進行的動作。正因為需要經過複雜的思考路徑，所以整理也可以說是只有人類才能做到的行為。

整理這個行動，並不是由感性主導，而是需要運用理性的邏輯思考才能完成，所以擅長整理的人，自然會逐漸提升邏輯能力，能夠把事物有系統地分類，達到更有效率地行動，此外還有一個特徵是，他們也很會整理人們談論的內容，將之精簡化的能力非常好。

整理能力本來就很好的Yukko小姐，不只是三個小孩的母親，工作上也相當活躍，「整理腦」非常發達，不過這個能力在「自由發揮、做什麼都可以」這種要求原創性的條件下，會變得相對不利；若是在被限定的框架內、有明確的目標的情況，其潛能會更容易發揮出來。

就如同Yukko小姐在我的採訪工作這個框架之中，將自己的潛能發揮地淋漓盡致一般，隱性領導型的人，優點就是能夠在一個有限制的框架內，透過完成被交付的任務來展現自己，其潛能會更容易被激發出來。不過，要注意的是，如果幫忙某人這件事情讓他「感覺不到自己的存在」的話，他便會迷失自我。

Yukko小姐回頭思考一起接受採訪的經驗和自己的生活圈，慢慢整理起自己總是以外部世界為重心的狀態，也開始思考自己雖然習以為常，但其實很投入的事情是什麼。她一邊養育三個孩子，同時兼顧著工作，週末也會和媽媽友們一起交流、學習有興趣的東西，這些都使她感到充實，而這樣的生活本身就充滿意義，自己為何要一直往外尋求更多的東西呢？Yukko小姐透過思考「理所當然」的一切，開始學會肯定自己的生活方式，並且找回了自信。

除此之外，日常生活中，Yukko小姐自己一個人辦不到的家事整理，她開始讓孩子和先生一起參與，使家人之間自然產生「團隊合作的意識」，促使整個家變得更有向心力。

針對這部分我感到特別好奇，所以又深入詢問Yukko小姐目前在生活上的領悟是什麼，她說結婚之後，當知道自己懷孕時，也意識到「靠自己一個人是無法帶小孩的」。她也預先思考了什麼事情是別人無法代替自己做的，得到的結論是，只有「生孩子」和「哺乳」這兩件事情，至於其他的事情，她認為家人也做得到，但因為產後不可能維持一樣的生活，所以她開始思考怎麼從「只有自己一個人做家事」到「全家人一起分攤家事」。

舉例來說，Yukko小姐發現除了自己以外，家裡沒有一個人知道各種餐具和食物放在哪裡，為了使自己產後可以喘口氣，Yukko小姐花了心力讓先生和祖父母能掌握家裡的大小事。這都是因為生產前的她，早早立下了「家事絕對不要一個人扛」的決心，她也為此付諸行動，開啟了她理想中的育兒生活。

另外，Yukko小姐也隨著孩子的不同成長階段調整家裡的擺設，例如孩子如果開始學爬行了，自己也會試著一起爬爬看，站在孩子的角度去了解他們的視角，同時思考家中物品應該如何擺放，等到孩子再大一點時，為了把東西放在孩子自己也可以收納的位置，她總是站在對方的立場思考，想著能讓孩子自然、自主地去行動的動線，讓孩子將來能自己做家事或整理，如此事先想著未來行動的Yukko小姐，很享受這個能讓家人和自己都變得輕鬆的過程。

不僅能一邊照顧小孩一邊工作，在孩子和工作以外，生活也很充實，這就是現在Yukko小姐的狀態。但是Yukko小姐過去認為自己所做的這一切都是理所當然，也不覺得這有什麼價值，更從來沒有去回想這些自己做過的行動。

Yukko小姐目前為止視為理所當然的那些，其實是非常高水準的表現，隱性領導型的人，其潛能能充分展現的關鍵就藏在平時的行動中。掌握了這些之後，接下來要推薦給隱性領導型的人能發掘自己視為理所當然的能力的整理術。

覺醒的隱性領導型：Yukko小姐的整理故事

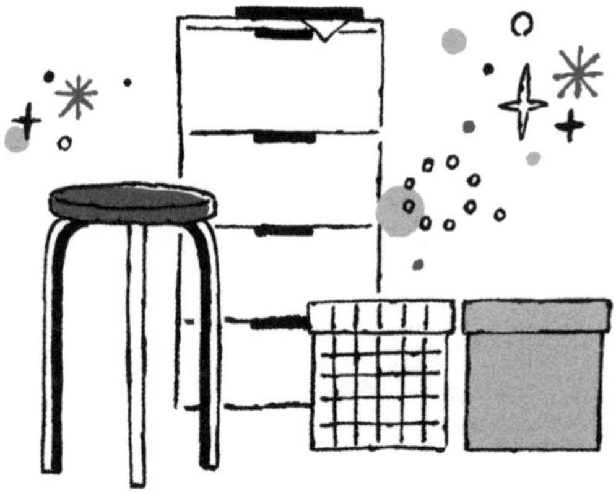

換位思考

隱性領導型的人生整理關鍵字

對於隱性領導型的你，「思考物品的感受」是你最重要的行動。為了使你身上的潛能發揮出來，擁有多樣的視角相當重要，具體實踐「思考對方的感受」這件事，也有助於你的創意發想。

如果總是待在自己的框框裡，就很難去察覺到那些平常視為理所當然的事情，然而，若站在物品或他人的立場思考，反而能得到檢視自己平時作為的機會。這是應用心理學上的「換位思考法」，就好比人到了國外，反而更能體會到自己國家的優點一樣，若站在自己以外的角度去看時，自身的優點也會變得突出。

✳怎樣建立和它的關係呢？

首先我推薦先思考看看「錢包」的感受，以此作為如何站在物品立場來思考的第一個練習。例如，想像你現在變成了你的錢包，感覺如何呢？如果是發票塞得滿滿的錢包，會有什麼感覺呢？擠滿了信用卡、集點卡的錢包，感覺是開心的嗎？想想平時如何對待自己的錢包吧！不是我要說，不少人只是採取這個簡單的換位思考法，財運就變得更好了。

✳它被擺放在哪裡會開心呢？

就像人要適才適所一樣，物品也有適合它的地方。如果有些東西是你完全不經思考，只是找個空位就放在那裡的話，現在嘗試看看站在物品的角度，思考它的感受吧。「被放在哪個位置會更開心呢？」不是去想它應該被收在哪裡，而是「它擺在哪裡會開心？」把物品視為主體來思考。就拿上一段提到的錢包來說，你的錢包放在哪裡會比較開心呢？以我家的錢包來舉例，它們有專用的黃金被褥，每個家人的錢包以被主人重視的狀態存放著，晚上都有特定的休息位置。

✳站在物品的角度思考

對於隱性隱性領導型的你來說，「擁有多種角度的視野」才是你能一展長才的關鍵。在房間這一個空間單位中，當你試著從餐具、花瓶、待洗衣物等多種物品的角度去感受時，能強化你本來就擁有的廣闊視野，甚至可以看見長遠的未來。

✳注意使用期限

物品就像是人一樣，也會有消亡的一天，有它使用的期限。食物是最容易觀察出來的，所以，先檢查看看冰箱裡的食物的有效期限吧。之後再慢慢延伸，留意房間裡所有東西的使用期限，例如鞋子、地毯、盥洗用具、窗簾、枕頭等等……，如果有明顯過於老舊的東西，已經無法發揮機能的話，請不要猶豫，把它更換成新的吧！如此一來不僅能促進房間裡的新陳代謝，在無形中讓自己也煥然一新。

✳ 注意物品的細節

有句話說「魔鬼藏在細節裡」，當你注意細節時，可以刺激你身上感性的部分，所以，多去注意那些如果不仔細看就容易漏掉的地方，譬如杯子裡有沒有殘留茶漬、窗戶有沒有起霧、浴缸裡面有沒有汙垢等，對屬於隱性領導型型的你來說，擁有注意事物細節的意識，也是發揮自身潛能的一個重點。

✳ 物盡其用

請觀察一下目前房間裡有的東西，找找看沒有被發揮功用的物品，然後試試看幫它製造可以運用的機會。例如被埋在衣櫃深處的衣服、硬塞進置物櫃的日用品，以及買了一陣子卻遲遲未翻開的書等。隨著去注意那些被你遺忘、幾乎見不到光的東西時，在你下次想要買東西的時候，就比較不容易衝動購物，而是會開始思考「真的會用到嗎？」先深呼吸一下再決定，養成謹慎的購物習慣。

發揮隱性領導型潛能的人生整理重點

◆重視自己的感受

◆試著讓自己的價值觀可以體現在更多地方

◆學著借助他人的力量

剛才我們介紹了關於換位思考的內容，其實像這樣思考物品感受的行為，會和「確認自己真實的感受」直接連結。因為隱性領導型的人總是能輕易看透他人，也因此有容易「陷入他人的框框中」的傾向，雖然不一定都是壞事，但需要注意的是，有時會容易把「他人的價值觀當成自己的價值觀」。這樣一來，面對事件時，心中的「違和感」和「真實感受」的辨別能力會越來越遲鈍。所以，試著思考自己房間裡物品的感受，同時就像是在確認自己的感覺一般，希望大家能將這段話存入腦海當中。

另外，因為隱性領導型本身也不太習慣推自己積極地表現自己，所以更要建立起時常去重視自己真實感受的方法，這也將是潛能是否能被展現出來的關鍵。

身為隱性領導型的你，只要好好掌握溝通的方法，其實是很有和他人愉快合作的能力的，為了讓這一部分的潛能也可以被發揮出來，不要只是一個人承擔，要有意識地去和他人合作，一起完成任務，對你而言是必要的。

此外，帶著正向思考，一邊想著自己可以變輕鬆，然後將他人整合起來，一起整理生活空間，如果重視這點來行動的話，和他人的關係也會變得更加深刻緊密。

那麼接下來，我要介紹幾個能幫助隱性領導型的人發揮潛能的人生整理方法。

發揮隱性領導型潛能
第一個整理的空間是

衣櫃

衣櫃是掌管自己形象的地方。隨著你穿什麼，別人對你的印象會跟著改變；隨著你挑選的衣服，甚至會影響你的個性，這麼說並不過分。如果只是在意別人的眼光，在意別人怎麼看待自己，就會過著沒有自己的原則的生活，但是若換個角度思考：「我要如何在別人面前展現自己？」從被決定印象，到自己掌握印象的主導權，只要轉變想法，屬於你的生活方式就能快速被釐清。

對於隱性領導型的你來說，比起直接向外推銷自己，如果可以著重於好好塑造間接傳遞的形象（非語言溝通的部分），就可以不浪費時間和精力，輕鬆且愉悅規劃自己的人生。

為此，最有效的方法就是重新檢視你的衣櫃。不是以華麗的、流行的、自己喜愛的衣服，這些為挑選的角度，而是挑選「能夠確實展現出你自己」的衣服，以這個為出發點思考看看。

如果穿上學校制服，看起來就會像學生；如果穿上運動服，看起來就像有運動習慣的人；如果穿上一件優雅高貴的洋裝，就會流露出名媛氣息。更換衣服和改變在他人眼中的印象是連結在一起的，所以請你一邊思考自己的感受，一邊將「真正的自己」反映在你選擇的衣服當中吧。

客觀審視衣服給人的印象

首先，請先著眼於衣櫃當中那些你喜歡的衣服。你覺得這些因為自己喜歡而挑選的衣服，在別人眼中會帶來什麼印象呢？前面提到，光是換上一件衣服就能改變他人的感受，不過，「你喜歡的衣服」和「能正確展現你真正性格的衣服」可能完全不同。所以，第一步請你先客觀地思考看看，現在你喜歡而擁有的衣服，是會讓人對你有什麼樣的認知的衣服呢？

注意衣服的顏色

顏色對心理有很大的影響，人們在生活中其實不知不覺受到顏色的影響。你所挑選的顏色，與其說是因為你的喜好，不如說是因為受到埋藏在你內心深處的想法所下的決定，可以說是一種投射。舉例來說，想避免與他人建立深刻關係的人，無意識中會選擇黑色；想變得更加活潑熱情的人，就容易選擇紅色或橘色。透過注意自己現在所選擇的顏色，就能更加理解自己內心深處的想法。

留下能襯托自己的衣服

Yukko小姐當時為了遮住自己的身型，選擇了寬鬆的衣服，結果卻變得越來越胖，就像這樣，隨著自己挑選的衣服，身材也會跟著改變，這在心理學上也有一定的道理。如果想變瘦，就應該要挑選瘦身後自己會穿的衣服，如果想獲得他人的信任，就要懂得選擇穿上去能令人產生信任感的衣服。不是去找掩飾自己的衣服，而是能襯托自己的衣服，這樣的想法在發揮潛能上面，是相當重要的關鍵。

為衣服訂下「我的主題」

「要穿什麼才好呢？」每天如果花很少的時間煩惱這個的話，就代表你很明確知道自己的價值觀是什麼。隱性領導型本身的特質之一就是很會未雨綢繆，並根據目標採取行動。為了能讓挑選衣服這件事可以很自然、不費力地做到，請「將自己理想的樣子訂為衣服的主題」，例如「想呈現溫和有包容力的自己」、「想呈現優雅幹練的模樣」等，透過整理衣櫃，讓主題更加明確吧。現在的你是否活出了真正的自己呢？請以自己穿著的衣服是否總是貼切近你的主題為基準。

保留空間的呼吸感

一邊想像店鋪當中的展示和陳列，一邊整理自己的衣櫃，將衣櫃維持八分滿的狀態。在整理過程中一定會浮現出「感覺以後會穿到……」的想法，這時要捫心自問：「這是理想中的自己會穿的衣服嗎？」另外，總是穿著舊衣服的話，也有可能讓自己停滯不前。如果真的想朝著理想的未來前進的話，不執著於過去的衣服，反而有助於自己更提升一個層次。

PLUS！隱性領導型的你這樣整理更幸福

鞋櫃和衣櫃要有一致性

為了要取捨衣物，必須一併重新審視鞋櫃。因為衣服和鞋子是否搭配很重要，帶著這個認知，以整理好的衣物為中心，只留下必要的鞋子吧。如果總是保有衣服和鞋子是一套的意識，即使當下看到覺得好看的鞋子，也會先思考和自己現有的衣服配不配，藉此可以防止因衝動而購買了不適合自己的鞋子。

把玄關定為錨點

「錨定效應」是一個心理學的專有名詞，好萊塢巨星、頂尖運動選手、百萬富翁也都經常使用這個方法，也就是為了讓自己總是能保持在最佳狀態，而刻意設定一些基準條件。在本書中則是指將空間中的一個小區域設定為基準點，藉此製造改變的契機。例如「將玄關維持在沒有鞋子的狀態」，也就是每次都將鞋子收進鞋櫃，或是「一定要將玄關的鞋子一雙一雙擺好」等，總之，從玄關這個區域開始，讓自己產生能把房間維持在看起來很舒適的狀態，由自己決定原則，然後確實執行，透過這麼做，就可以強化自己的掌控力，避免出現無力感。

整理時也要考量房間動線

如果每個空間都切割開思考的話，就會發生某個區域雖然整理得很乾淨，但實際在整體行動上卻不方便的情況，還是會浪費不少時間。對隱性領導型的人來說，這種不便會逐漸成為壓力來源，所以在整理房間時，嘗試一邊想著「更方便行動的方法」

來進行，例如「如果放在這裡，就不用跑來跑去浪費時間了」、「如果擺在這裡，家人也能馬上找到，省掉詢問的時間」，就像這樣好好研究自家的空間，還有家人平時行動的模式，把沒有必要的行動都「清乾淨」吧。

研究能讓自己更輕鬆的方法

特別是有孩子的家裡，家庭主婦通常都會一邊做家事一邊進行整理，很多的事物都集中在媽媽一個人身上。其實隱性領導型的人特別適合當幕後的英雄，所以不需要總是自己解決所有事情，而是思考讓大家可以協力合作完成的方法，「讓自己輕鬆一點」，以這樣的觀點來思考吧，這樣一來也會使周圍的人發揮出他們的潛能。

把需要做的家事列出來，和家人共同分擔

家事的內容包羅萬象，如果全由一個人來做會很辛苦，請盡可能地把自己一天當中做的家事全部都寫出來，然後和家人討論、共同分攤。對其他家庭成員來說，比起對他說：「喂！幫忙做點家事！」不如換個方式說：「希望你可以幫忙處理這兩件家事」，用這種具體的方式溝通時，也比較容易建立起互相合作的關係。

隱性領導型總整理

策略性地讓身旁的人一起參與；掌握事物的整體後，思考解方，讓自己和他人同時發揮潛能

隱性領導型的你，天生邏輯思考能力就比較好，所以，盡可能地具體掌握事物的整體，然後思考能夠處理的方法，就是你能一邊和他人合作、一邊讓自己的潛能更加發揮的重點；也就是說，最能幫助他人一展長才的，就是隱性領導型。可以想成能讓自己變得輕鬆的方法，其實就是幫助他人發揮潛能。帶著這個正面想法，不僅自己輕鬆，也能夠更愉快地和身邊的人一起合作。

Chapter 3

給還是
手足無措的你：
三大方向自我提醒
立即感受奇蹟！

試著改掉NG習慣、
從小事開始行動，
在了解自己內心的同時，
一切竟然也變得越來越順利了！

Advice 1

重新審視習慣

日常習慣的影響相當巨大，
在改善不良習慣的同時，練習觀察自己，
你會發現不管是健康、人際還是財運都越來越順利。

總是不順利的人．常見NG習慣❶

口頭禪是「我做不到」

越是覺得自己各方面都不順的人，越容易把「我做不到」當成口頭禪。如果學習反向思考，想著「至少在○○部分我做得很好」，如此稍微在口頭上肯定自己做到的部分，光是養成這個習慣，自然就會形成積極面對每一天的動力。

總是不順利的人．常見NG習慣❷

駝背

常常抱怨自己手邊事情不順利的人，大多都有駝背的習慣，並且有氣場明顯虛弱的感覺。我們的日常姿勢只要稍加留意就可以馬上調整的，在改善駝背習慣的同時，還能預防「因為害怕自己被低估而做出無意義的行動」。

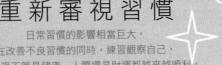

總是不順利的人・常見NG習慣❸

夜貓族

越是習慣熬夜的人，就越會有睡眠不足或慢性疲勞的問題。雖然這也和工作的型態有關係，但光是改掉熬夜的習慣，儘可能在白天行動的話，也會改善總是壓底線的拖延症，提升執行力。

總是不順利的人・常見NG習慣❹

活在過去

越是被困在過去的失敗當中，或是執著於「當時我多了不起」的人，現在請試著掙脫過去吧！不必急，開始試著多去享受當下和思考未來，就可以產生前進的動力。人生整理，其實就是為了邁向未來所做的行動。

總是不順利的人・常見NG習慣❺

三心二意

無法進行人生整理的人，其特徵之一就是對太多事情都感興趣，容易分心。請試著在一天當中，即使一下下也好，進行幾次深呼吸，讓自己有冷靜下來的時間，這樣就不會受到一時的情緒波動影響，可以逐漸養成客觀、冷靜的判斷力。

總是不順利的人・常見NG習慣❻

完美主義

「既然要做就要做到完美」，越是這樣把事情往肩上扛的人，只會不斷發現事情無法百分之百完美。所以整理的時候，不需要以完美為目標，而是以「增加完成事情的經驗」為目標，累積耐力和持續力，自我肯定感也會越來越高。

Advice 2

從小事開始嘗試

萬事起頭難，行動的時候最難的就是「第一步」。
但是只要跨出最初的步伐，就可以有持續下去的力量。
不妨把第一步的門檻降低，從小事開始試試看。

試試這件小事❶

盡可能把客廳或用餐桌面清空

客廳或飯廳都可以，選一張桌子，然後盡可能保持上面不要有任何東西。像這樣打造一個明確的狀態，這一小步會成為起點，能培養出將行動具體化的思考和發想。

試試這件小事❷

找個區域，淨空一週

哪裡都行，只要找個地方，至少維持一週空無一物的狀態。然後特別意識著那個地方「是我自己打造的留白處」，這樣的意象會讓心情無意間感到放鬆平和。

試試這件小事❸

整理小物品

整理平常使用的錢包或隨手包包。把不需要的發票和集點卡拿出來，透過先整理像這樣的小空間，之後要著手整理房間這種大空間時，困難的感覺會降低。而隨著對房間的狀態滿意，也會間接對個人的狀態越來越滿意。

試試這件小事❹

進屋後先擺好鞋子

或許會以為這個動作沒什麼，但其實只是回到家後將鞋子擺正，就能夠提高處理事情時堅持到最後關頭的耐力。所以，千萬不要小看這一秒，甚至可能成為你改變一生的契機！

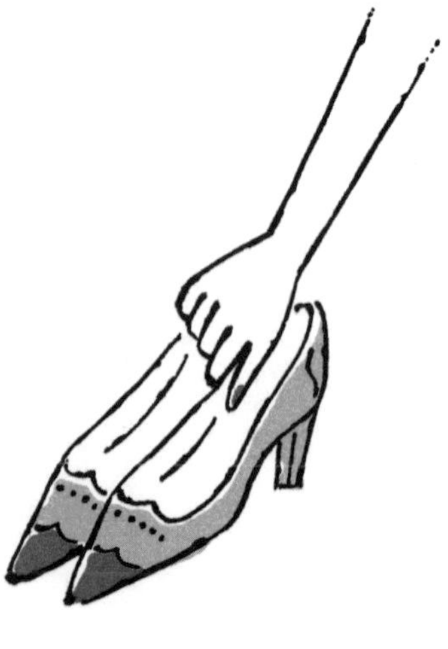

試試這件小事❺

做一點點也沒關係

其實人不是有動力才能行動，而是會在行動之後產生動力的生物。「現在先開始做一點點吧」，如果善用這個方法，從這一點點就可以讓執行力大大提升。

試試這件小事❻

乾淨到發亮的體驗

人如果實際感受到自己做到了什麼，就會連結到下一次的行動。每一次達成，都會成為下一次的原動力。因此，可以嘗試擦拭鏡子、水龍頭或床鋪，哪裡都好，擦拭之後肯定會變乾淨，而那股成就感將會使你感到神清氣爽。

Advice 3

把握意外的機會

沒時間整理、家人或室友不幫忙、突然有急事沒辦法做……等等，
人生本來就伴隨著許多預期之外的事物，正因如此，
面對不可抗力的事件應該逆向思考，就能順利行動。

逆向思考❶

煩惱時間不夠用？
運用「時間內完成」法則

越是把「我沒時間」當作口頭禪的人，就越要善用「在時間內完成」這個法則。不是去想怎麼擠出更多時間來，而是要下決心在有限時間內完成，例如在5分鐘內摺好衣服，目的是在零碎時間中採取行動。當你可以妥善運用零碎時間，就更容易騰出較長的時間。從今以後，戒掉「我沒時間」這個口頭禪，改說「我要在幾分鐘、幾個小時內完成」，試著學會跟自己做約定。

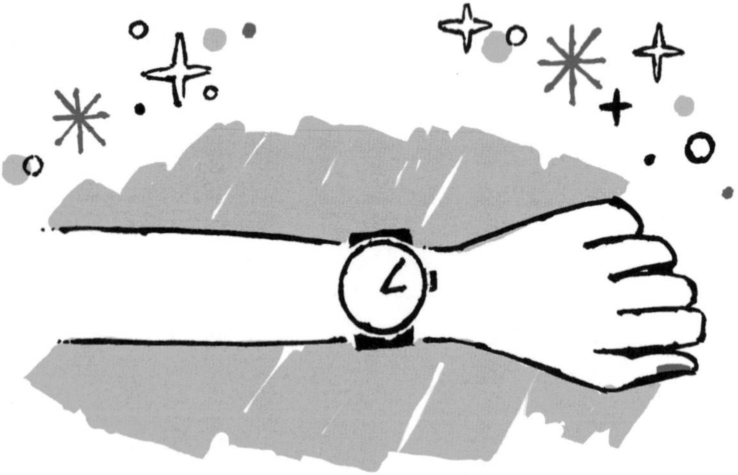

逆向思考❷

當身邊的人不太重視整理時自己先表示合作的意願吧！

即使是一家人，每個人也都還是獨立的個體，各自重視的事情不同也很正常。如果有事情需要幫助時，可以反過來，先由自己表現出願意合作的態度，告訴對方希望完成的事情是什麼，以及自己可以先完成哪個部分，這是能和他人順利合作的小技巧。從了解他人的角度出發，透過重新審視第30頁的檢測表，本書也將啟發你去發掘他人身上的潛能，並成為建立合作關係的契機。

逆向思考❸

總是遇到突發狀況而屢次計畫失敗？請把「預料之外」當作「本來就有可能會這樣」吧！

本來打算去做的，但是突然有急事就……，不管是家務事或工作上的事情，甚至身體狀況等等，事情本來就不會總是按照原本所想的發展。因此在生活中必須建立「本來就會發生預料之外的事」這個認知，當你真的這麼去思考事情時，可以說你就掌握了「不如預期」這件事本身，安排行程的時候就會從原本總是想塞得滿滿，改變為懂得預留一段彈性時間，這樣的結果就是，即使有什麼突發狀況，也會有能冷靜應對的安定感。

透過整理所發現的逆轉人生方法

能夠重視自己的特質，才能活出自己喜歡的樣子

身為一位空間心理諮商師，目前為止我協助超過萬名的客戶，我以心理學的角度分析他們所擁有的整理困擾，從這當中，我也體會到「發揮自己的潛能」這件事情的重要性。

我看過非常多這樣的案例，房間和人生狀態都呈現一團亂，而在了解他們背後的故事之後發現，不外乎是因為沒有認真重視自己的特質，也就是潛能。不少人從小到大，每一個選擇都只是為了回應父母或他人的期待，過著總是配合別人的生活，或許一開始沒有發現自己的壓抑與不舒服，但漸漸地，自己的內心開始出現衝突，最後連自己到底是誰、是什麼模樣都會迷失，這樣不斷壓抑的結果，只好透過凌亂的房間表達出來。

為什麼這次我決定從每個人的潛能的角度出發，來寫這本關於人生整理的書呢？其實沒有別的原因，因為我自己就是透過整理來讓自己的潛能完全發揮的過來人。

目前我以空間心理諮商師的身分提供個人諮詢，同時也舉辦演講或研討會，在二〇一九年八月就服務滿11年了，出版的書籍則超過了15本，累積銷售突破27萬本。如果光是看到這些數字，還有現在我的樣子的話，可能很多人都會想：你本來就是很有能力的人吧！

其實，過去的我一點也不在意整理房間這件事，甚至覺得「幹嘛整理？不整理也不會死，把時間投資在真正可以賺到錢的事，不是更好嗎？」想當然，當時我的房間根本是一團亂。

當時的我也沒什麼自信，只是懷抱著野心，一邊想著要追求些什麼，一邊希望自己有天成為某個大人物、做大事之類的妄想，但是，真正的情況是什麼呢？我欠了一筆債，還交了一堆損友，甚至沉溺在賭博當中。

我就這樣沉迷於菸、酒、賭博中，但同時也對這樣的自己感到厭倦，但仍然想做些什麼。不過當時我是一個滿怕生的人，也不善於交際，甚至還曾經被人笑說我是「機器人」，因為當時的我沒有任何情感表現，是一個冷冰冰的人。現在，說我總是笑得像彌勒佛般和藹的人越來越多，而過去的我，就像是「劊子手一般，全身散發著殺氣」，是非常難以接近的人。

我完全想像不到，當時那麼糟糕的自己竟然可以變成現在的狀態。

但是在這樣的我身上，卻出現了轉機。那就是在偶然的機遇下，我進入了心理學學校。我向「日本心理健康協會」叩了門，這是成就現在的我的第一步，我的人生也因為這個契機產生了巨大的變化。

因為心理學的課程真的很有趣，當時的我決定要好好念書，所以也決定找個時間比較彈性的打工，以課業為重。於是，我來到一間搬家公司工作，而且在幫忙他人搬家的過程中，第一次開始對空間產生了興趣。

我開始把我在搬家公司的經驗，融合學校的心理學，透過在第一線工作的觀察，我發現「房間的狀況其實就是居住者的心理狀態」，我開始努力鑽研空間和心理的關係。

經過一段時間後，我想著，不如也來重新檢視我的房間吧！當時的房間真的是亂得沒話說，而那是我第一次覺得自己的房間有種違和感，我因為學習心理學，雖然在心靈層面上變得充實，但在現實生活當中的物理環境卻不是如此，不管怎麼看，都感覺很不對勁。

這狀況，實在不太對……，當我意識到時，就產生了開始整理房間的念頭。在整理的同時，也好好聆聽自己的內心，然後一個一個練習做取捨，當我這麼做時，我開始思考，我到底是為了追求什麼才買了這些東西的呢？接著，一切好像自動連結了起來，我忽然意識到，哪一類的東西我可以全都丟掉，於是，本來堆滿了整個房間的東西，幾乎都被我丟了。

東西丟掉以後，我又發現到，地板上積著灰塵，在我用濕抹布擦拭之後，竟然感受到無法用言語形容的暢快感。從那之後，我每天都會用濕抹布擦地板，而且還對擦地板這件事情上癮了，並且不斷向身邊的人宣傳親自擦地板的好處，沒想到還因為這樣被邀請去擔任講師。

當初那無心的一步，就這樣持續了11年以上，而我成為了現在的我，一個空間心理諮商師。

其實還在唸書的時候，我可以說是表現最差的學生。不只表現不好，而且還因為很怕生而不太說話，沒有積極地去參與社交活動或跟人深入的交往過，我只是一個人默默地學習。我想當初的同班同學，大概都很難想像我竟然會成為研討會的講師，甚至還出書，變成這麼活躍的樣子。其實，連我自己也想像不到。

我能夠有今天的成就，真的完全是託「從整理來了解潛能」的福。透過整理，我得以誠實地面對自己的內心，於是，適合我的專屬道路就在眼前出現了，現在，就像我完全地讓自己的潛能被發揮出來一般，我身邊接觸的人的潛能也都正在發揮當中。所以我真心希望你也能夠體驗看看。就像在這本書裡所介紹的幾位真實案例，他們都透過自己的特質發揮所長一樣，你的人生肯定也能變得比現在更好。

要記住，不是為了整理而整理，而是為了使潛能可以被發揮出來才整理的。在你為了可以活得更燦爛而著手整理的同時，希望你能夠把這個關鍵銘記於心：

「為了能感到快樂與滿足，今天的我可以為自己做些什麼呢？」

結語

看完了這本書，覺得如何呢？

雖然把潛能分成5種類型來解說，不過本書這樣區分的目的，並不是為了讓你完全對號入座自己是什麼類型而使用的，而是希望你能在看見自己潛能的同時，也可以稍微參考其他類型的整理法，因為人並不是這麼一成不變的動物，只是因為當下的狀態不同，會有首要的整理任務和次要的差別，衷心希望這本書能成為讓你對自己的潛能覺醒的契機，以及適當地活用這本書。

內文中也有提到，潛能其實就是你「反覆的習慣」。目前為止，你的習慣是什麼呢？那就是可以好好開發的部分，而從現在起，你即將養成的習慣，想必能為你的潛能發揮更加昇華到另一個層次吧。

人生只有一回，你可以按照內心所想的，去感受各種不同面向的自己，我真心希望這本書能成為一個契機，「真正讓你自己成為自己人生的主角」，好好享受生活。

我曾經也受到企業老闆的委託，請我提供員工有關整理的諮詢。其實我也沒有直接指導他們該如何整理，我的做法是，先去思考「他們有沒有被分派在能發揮自己潛能的部門？」

舉例來說，藝術大師型的人若被分派到要一直計算數字的行政工作，就會因為無法發揮潛能，產生辦公桌和人生都是一團亂的現象。

要把對的人放在對的位置，這樣潛能才能綻放出燦爛的光芒。如此明亮的內心，也會使周遭的環境改變。為了維持神清氣爽的心情，你也會自發性地想去整理環境。

整理這件事情，比技巧更重要的是心理素質和精神。這本書裡提到的人物，他們也都是因為重新整理了自己的心理狀態，並不是只停留在把房間整理好就結束，而是進一步地調整了生活的方式，活出了燦爛的人生。

那麼，接下來輪到你了。真心期盼透過本書，讓你身上無限的潛能都能被發揮出來，活出你真正喜歡的樣子。

空間心理諮商師　伊藤勇司

notes

歡迎把閱讀本書時的想法寫在這裡

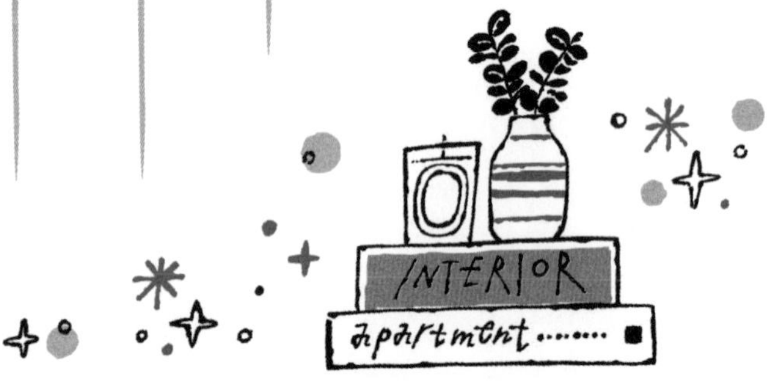

透過內心與空間的整理，
相信你也可以越來越喜歡自己。

台灣廣廈國際出版集團
Taiwan Mansion International Group

國家圖書館出版品預行編目（CIP）資料

27萬人淚推的五型潛能人生整理術：第一本空間心理分析書！從測驗找出你潛藏的性格天賦，活出自己喜歡的樣子！／伊藤勇司作；黃思嘉譯. -- 初版. -- 新北市：蘋果屋, 2020.07
面；　公分
ISBN 978-986-98814-4-9
1.環境心理學 2.家庭佈置 3.生活指導

172.81　　　109005831

蘋果屋
APPLE HOUSE

27萬人淚推的五型潛能人生整理術

第一本空間心理分析書！從測驗找出你潛藏的性格天賦，活出自己喜歡的樣子！

作　　者／伊藤勇司
翻　　譯／黃思嘉
插　　圖／大内郁美
編輯中心編輯長／張秀環・編輯／彭文慧
封面設計／曾詩涵・內頁排版／菩薩蠻數位文化有限公司
製版・印刷・裝訂／東豪印刷有限公司

行企研發中心總監／陳冠蒨
媒體公關組／陳柔彣
整合行銷組／陳宜鈐
綜合業務組／何欣穎

發 行 人／江媛珍
法律顧問／第一國際法律事務所 余淑杏律師・北辰著作權事務所 蕭雄淋律師
出　　版／蘋果屋
發　　行／蘋果屋出版社有限公司
地址：新北市235中和區中山路二段359巷7號2樓
電話：（886）2-2225-5777・傳真：（886）2-2225-8052

代理印務・全球總經銷／知遠文化事業有限公司
地址：新北市222深坑區北深路三段155巷25號5樓
電話：（886）2-2664-8800・傳真：（886）2-2664-8801
網址：www.booknews.com.tw（博訊書網）
郵政劃撥／劃撥帳號：18836722
劃撥戶名：知遠文化事業有限公司（※單次購書金額未達500元，請另付60元郵資。）

■出版日期：2020年07月
ISBN：978-986-98814-4-9